U0137323

二十世纪中国心理学名著丛编

阅读心理·国语问题

艾 伟◎著

主编◎郭本禹　阎书昌　特约编辑◎汪凤炎

海峡出版发行集团
THE STRAITS PUBLISHING & DISTRIBUTING GROUP｜福建教育出版社

图书在版编目（CIP）数据

阅读心理；国语问题/艾伟著. 一福州：福建教
育出版社，2023.12
（二十世纪中国心理学名著丛编）
ISBN 978-7-5334-9798-9

Ⅰ.①阅… Ⅱ.①艾… Ⅲ.①阅读心理 Ⅳ.
①G252.0

中国国家版本馆 CIP 数据核字（2023）第 219783 号

二十世纪中国心理学名著丛编

Yuedu Xinli · Guoyu Wenti

阅读心理·国语问题

艾 伟 著

出版发行	福建教育出版社	
	（福州市梦山路 27 号 邮编：350025 网址：www.fep.com.cn	
	编辑部电话：0591-83726908	
	发行部电话：0591-83721876 87115073 010-62024258）	
出 版 人	江金辉	
印 刷	福州万达印刷有限公司	
	（福州市闽侯县荆溪镇徐家村 166-1 号厂房第三层 邮编：350101）	
开 本	890 毫米×1240 毫米 1/32	
印 张	9.25	
字 数	183 千字	
插 页	2	
版 次	2023 年 12 月第 1 版 2023 年 12 月第 1 次印刷	
书 号	ISBN 978-7-5334-9798-9	
定 价	26.00 元	

如发现本书印装质量问题，请向本社出版科（电话：0591-83726019）调换。

编校凡例

1. 选编范围。"二十世纪中国心理学名著丛编"（以下简称"丛编"）选编 20 世纪经过 50 年时间检验、学界有定评的水平较高、影响较大、领学科一定风骚的心理学著作。这些著作在学术上有承流接响的作用。

2. 版本选择。"丛编"本书是以第一版或修订版为底本。

3. 编校人员。"丛编"邀请有关老、中、青学者，担任各册"特约编辑"，负责校勘原著、撰写前言（主要介绍作者生平、学术地位与原著的主要观点和学术影响）。

4. 编校原则。尊重原著的内容和结构，以存原貌；进行必要的版式和一些必要的技术处理，方便阅读。

5. 版式安排。原著是竖排的，一律转为横排。横排后，原著的部分表述作相应调整，如"右表""左表""右文""左文"均改为"上表""下表""上文""下文"等等。

6. 字体规范。改繁体字为简化字，改异体字为正体字；"的""得""地""底"等副词用法，一仍旧贯。

7. 标点规范。原著无标点的，加补标点；原著标点与新式标点不符的，予以修订；原文断句不符现代汉语语法习惯的，予以调整。原著有专名号（如人名、地名等）的，从略。书名号用《》、〈〉规范形式；外文书名排斜体。

8. 译名规范。原著专门术语，外国人名、地名等，与今通译有异的，一般改为今译。首次改动加脚注注明。

9. 数字规范。表示公元纪年、年代、年、月、日、时、分、秒，计数与计量及统计表中的数值，版次、卷次、页码等，一般用阿拉伯数字；表示中国干支等纪年与夏历月日、概数、年级、星期或其他固定用法等，一般用数字汉字。此外，中国干支等纪年后，加注公元纪年，如光绪十四年（1888）、民国二十年（1931）等。

10. 标题序号。不同层级的内容，采用不同的序号，以示区别。若原著各级内容的序号有差异，则维持原著序号；若原著下一级内容的序号与上一级内容的序号相同，原则上修改下一级的序号。

11. 错漏校勘。原著排印有错、漏、讹、倒之处，直接改动，不出校记。

12. 注释规范。原著为夹注的，仍用夹注；原著为尾注的，改为脚注。特约编辑补充的注释（简称"特编注"），也入脚注。

总序：

中国现代心理学的历史进程

　　晚清以降的西学东渐，为中国输入了西方科学知识和体系，作为分科之学的科学开始在中国文化中生根发芽。现代科学体系真正的形成和发展则是在民国时期，当时中国传统文明与西方近现代文明的大碰撞，社会的动荡与变革，新旧思想的激烈冲突，科学知识的传播与影响，成就了民国时期的学术繁荣时代。有人将之看作是"中国历史上出现了春秋战国以后的又一次百家争鸣的盛况"①。无论后人是"高估"还是"低估"民国时期的学术成就，它都是中国学术发展进程中重要的一环。近年来民国时期学术著作的不断重刊深刻反映出它们的学术价值和历史地位。影响较大者有上海书店的"民国丛书"、商务印书馆的"中华现代学术名著丛书"、岳麓书社的"民国学术文化名著"、东方出版社的"民国学术经典文库"和"民国大学丛书"，以及福建教育出版社的"20世纪中国教育学名著丛编"等。这

------

① 周谷城：《"民国丛书"序》，载《出版史料》2008年第2期。

些丛书中也收录了民国时期为数不多的重要心理学著作，例如，"民国丛书"中收有朱光潜的《变态心理学派别》、高觉敷的《现代心理学》、龚德义的《宗教心理学》、陈鹤琴的《儿童心理之研究》和潘菽的《社会的心理基础》等，"民国大学丛书"收录章颐年的《心理卫生概论》，"20世纪中国教育学名著丛编"包括艾伟的《教育心理学》、萧孝嵘的《教育心理学》、高觉敷的《教育心理》和王书林的《心理与教育测量》等。中国现代心理学作为一门独立的学科，仅有上述丛书中收入的少数心理学著作还难以呈现全貌，更为细致全面的整理工作仍有待继续开展。

一、西学东渐：中国现代心理学的源头

我国古代有丰富的心理学思想，却没有真正科学意义上的心理学。如同许多其他学科一样，心理学在我国属于"舶来品"。中国现代心理学的产生经历了西方心理学知识向中国输入和传播的历史阶段。最早接触到西方心理学知识的中国人是容闳、黄胜和黄宽，他们于1847年在美国大学中学习了心灵哲学课程，这属于哲学心理学的范畴，继而颜永京于1860年或1861年在美国大学学习了心灵哲学课程。颜永京回国后于1879年开始在圣约翰大学讲授心理学课程，他首开国人之先河，于1889年翻译出版了美国人海文著的《心灵学》（上本）①，这是史界公

---

① 译自 Haven, J., *Mental philosophy: Including the intellect, sensibilities, and will*. Boston: Gould & Lincoln, 1858.

认的第一部汉译心理学著作。此前传教士狄考文于1876年在山东登州文会馆开设心灵学即心灵哲学或心理学课程。1898年，美国传教士丁韪良出版了《性学举隅》①，这是第一本以汉语写作的心理学著作。1900年前后，日本在中国学习西方科学知识的过程中起到了桥梁作用，一批日本学者以教习的身份来到中国任教。1902年，服部宇之吉开始在京师大学堂讲授心理学课程，并撰写《心理学讲义》②。1904年，三江师范学堂聘请日本学者菅沼虎雄任心理学、教育学课程教习。1901—1903年译自日文的心理学著作主要有：樊炳清译、林吾一著的《应用心理学》（1901），③久保田贞则编纂的《心理教育学》（1902），王国维译、元良勇次郎著的《心理学》（1902），吴田焐译、广岛秀

① 其英文名为 Christian Psychology。《性学举隅》中的心理学知识，有更强的科学性和实证性，而《心灵学》中的心理学知识，则更具哲学性和思辨性。其主要原因是，《性学举隅》成书于19世纪末，西方心理学已经确立学科地位，科学取向的心理学知识日益增多，许多心理学著作也相继出版，该书对这些心理学知识吸收较多；而《心灵学》的原著成书于19世纪50年代，西方心理学还处于哲学心理学阶段，近代科学知识还没有和哲学心理学相互融合起来。此外，丁韪良在阐述心理学知识时，也具有较强的实证精神。他在提及一个心理学观点或理论时，经常会以"何以验之"来设问，然后再提供相应的证据或实验依据进行回答。同时他指出，"试验"（即实验）是西方实学盛行的原因，中国如果想大力发展实学，也应该以实验方法为重。丁韪良的这种实证精神，无论是对当时人们正确理解和运用心理学，还是对于其他学科都是有积极意义的。

② 由他的助教范源廉译述，此书的线装本没有具体的出版时间，大致出版于1902—1903年。服部宇之吉的讲义经过润色修改后于1905年在日本以中文出版。

③ 王绍曾主编：《清史稿艺术志拾遗》，北京：中华书局2000年版，第1534页。

太朗著的《初等心理学》（1902），田吴炤译、高岛平三郎著的《教育心理学》（1903），张云阁译、大濑甚太郎和立柄教俊合著的《心理学教科书》①（1903），上海时中书局编译的心理学讲义《心界文明灯》（1903），沈诵清译、井上圆了著的《心理摘要》（1903）。此外，张东荪、蓝公武合译了詹姆斯《心理学简编教程》（1892）的第一章绪论、第二章感觉总论和第三章视觉，题名为《心理学悬论》。② 1907 年王国维还自英文版翻译出版丹麦学者海甫定（H. Höffding）的《心理学概论》，1910 年自日文版翻译出版美国禄尔克的《教育心理学》，这两本书在当时产生了较大影响。1905 年在日本留学的陈榥编写出版的《心理易解》，被学界认为是中国学者最早自编的心理学书籍。此后至新文化运动开始起，一批以日本教习的心理学讲义为底本编写或自编的心理学书籍也相继出版，例如，湖北师范生陈邦镇等编辑的《心理学》（1905，内页署名《教育的心理学》）、江苏师范编的《心理学》（1906）、蒋维乔的《心理学》（1906）和《心理学讲义》（1912）、彭世芳的《心理学教科书》（1912，版权页署名《（中华）师范心理学教科书》）、樊炳清的《心理学要领》（师范学校用书，1915）、顾公毅的《新制心理学》（书脊署名《新制心理学教科书》，1915）、张子和的《广心理学》（上册，1915）、张毓骢和沈澄清编的《心理学》（1915）等。

---

① 该书还有另外一中译本，译者为顾绳祖，1905 年由江苏通州师范学堂出版。

② 詹姆斯著，张东荪、蓝公武译：《心理学悬论》，载《教育》1906年第 1、2 期。

从西方心理学输入路径来看，上述著作分别代表着来自美国、日本、欧洲的心理学知识的传入。从传播所承载的活动来看，有宗教传播和师范教育两种活动，并且后者相继替代了前者。从心理学知识传播者身份来看，有传教士、教育家、哲学家等。

"心理学"作为一门学科的名称，其术语本身在中国开始使用和流行也有一个历史过程。"Psychology"一词进入汉语文化圈要早于它所指的学问或学科本身，就目前所知，该词最早见于 1868 年罗存德（William Lobscheid）在香港出版的《英华字典》（*An English and Chinese Dictionary*），其汉译名为"灵魂之学""魂学"和"灵魂之智"。① 在日本，1875 年哲学家西周翻译的《心理学》被认为是日本最早的心理学译著。汉字"心理学"是西周从"性理学"改译的，故西周也是"心理学"的最早创译者。② 但"心理学"一词并没有很快引入中国。当时中国用于指称心理学知识或学科的名称并不统一。1876 年，狄考文在山东登州文会馆使用"心灵学"作为心理学课程名称；1880 年，《申报》使用"心学"一词指代颜永京讲授的心理学课程；1882 年，颜永京创制"心才学"称谓心理学；1886 年，分

① 阎书昌：《中国近现代心理学史（1872—1949）》，上海：上海教育出版社 2015 年版，第 12 页。

② 新近有研究者考证发现了中国知识分子执权居士于 1872 年在中国文化背景下创制了"心理（学）"一词，比日本学者西周创制"心理学"一词早三年，但执权居士的"心理（学）"术语并没有流行起来。参见：阎书昌：《中国近现代心理学史（1872—1949）》，上海：上海教育出版社 2015 年版，第 13—14 页。

别译自赫胥黎《科学导论》的《格致小引》和《格致总学启蒙》两本中各自使用"性情学"和"心性学"指称心理学；1889 年，颜永京使用"心灵学"命名第一本心理学汉本译著；1898 年，丁韪良在《性学举隅》中使用"性学"来指心理学。最后，康有为、梁启超于 1897－1898 年正式从日本引入"心理学"一词，并开始广泛使用。康有为、梁启超十分重视译书，认为"中国欲为自强第一策，当以译书为第一义"，康有为"大收日本之书，作为书目志以待天下之译者"。① 他于 1896 年开始编的《日本书目志》共收录心理学书籍 25 种，其中包括西周翻译的《心理学》。当时，日文中是以汉字"心理学"翻译"psychology"。可见，康有为当时接受了"心理学"这一学科名称。不过《日本书目志》的出版日期不详。梁启超于 1897 年 11 月 15 日在《时务报》上发表的《读〈日本书目志〉后》一文中写道："……愿我人士，读生理、心理、伦理、物理、哲学、社会、神教诸书，博观而约取，深思而研精。"② 梁启超作为康有为的学生，也是其思想的积极拥护者，很可能在《日本书目志》正式出版前就读到了书稿，并在报刊上借康有为使用的名称正式认可了"心理学"这一术语及其学科。③ 另外，大同译书局于

① 转引自杨鑫辉、赵莉如主编：《心理学通史》（第 2 卷），济南：山东教育出版社 2000 年版，第 142 页。

② 转引自阎书昌：《中国近现代心理学史（1872—1949）》，上海：上海教育出版社 2015 年版，第 43 页。

③ 阎书昌：《"心理学"在我国的第一次公开使用》，载杨鑫辉主编：《心理学探新论丛（2000 年辑）》，南京：南京师范大学出版社 2000 年版，第 240－241 页。

1898 年春还出版了日本森本藤吉述、翁之廉校订的《大东合邦新义》一书，该书中也使用过"心理学"一词："今据心理学以推究之"，后有附注称："心理学研究性情之差别，人心之作用者也。"① 此书是日本学者用汉语写作，并非由日文译出，经删改编校而成，梁启超为之作序。这些工作都说明了康有为和梁启超为"心理学"一词在中国的广泛传播所作出的重要贡献。以上所述仅仅是"心理学"作为一门学科名称在中国的变迁和发展，中国文化对心理学知识与学科的接受必定有着更为复杂的过程。

　　这一时期最值得书写的历史事件就是蔡元培跟随现代心理学创始人冯特的学习经历。蔡元培先后两次赴德国留学。在留学德国以前，蔡元培就对西方的文化科学有所涉及，包括文史、政经及自然科学。他译自日文的《生理学》《妖怪学》等著作就涉猎到心理学知识。蔡元培学习心理学课程是在第一次留学期间的 1908 年 10 月至 1911 年 11 月，他在三年学习期间听了八门心理学课程，其中有冯特讲授的三门心理学课程：心理学、实验心理学、民族心理学，还有利普斯（Theodor Lipps）讲授的心理学原理，勃朗（Brahon）讲授的儿童心理学与实验教育学，威斯（Wilhelm Wirth）讲授的心理学实验方法，迪特里希（Ottmar Dittrich）讲授的语言心理学、现代德语语法与心理学基础。蔡元培接受过心理学的专业训练，这是不同于中国现代心理学早期多是自学成才的其他人物之处，也是他具有中国现

① 转引自阎书昌：《中国近现代心理学史（1872—1949）》，上海：上海教育出版社 2015 年版，第 43 页。

代心理学先驱地位的原因之一。蔡元培深受冯特在实验心理学上开创性工作的影响，在其担任北京大学校长期间，于 1917 年支持陈大齐在哲学系内建立我国第一个心理学实验室，这是中国心理学发展史上的第一个心理学实验室，具有标志性意义。陈大齐是另一位中国现代心理学的先驱，1909 年他进入东京帝国大学文科哲学门之后，受到日本心理学家元良勇次郎的影响，对心理学产生极为浓厚的兴趣，于是选心理学为主科，以理则学（亦称论理学，即逻辑学）、社会学等为辅科。陈大齐在日本接受的是心理学专业训练，1912 年回国后开展的许多理论和实践工作对我国早期心理学都具有开创性的意义。

中国现代心理学学科的真正确立，是始于第一批学习心理学的留学生回国后从事心理学的职业活动，此后才出现了真正意义上的中国心理学家。

二、出国留学：中国现代心理学的奠基

中国现代心理学是新文化运动的产物，我国第一代心理学家正是成长于这一历史背景之下。20 世纪初，我国内忧外患，社会动荡，国家贫弱，不断遭到西方列强在科学技术支撑下的坚船利炮的侵略，中华民族面临着深重的民族危机。新文化运动的兴起，在中国满布阴霾的天空中，响起一声春雷，爆发了一场崇尚科学、反对封建迷信、猛烈抨击几千年封建思想的文化启蒙运动。1915 年，陈独秀创办《青年杂志》（后改名为《新青年》），提出民主和科学的口号，标志着新文化运动的开始，

到1919年"五四"运动爆发时，新文化运动达到高潮。中国先进的知识分子试图从西方启蒙思想那里寻找救国救民之路，对科学技术产生了崇拜，提出了"科学救国"和"教育救国"的口号，把科学看成是抵御外侵和解决中国一切问题的工具，认为只有科学才能富国强兵，使中国这头"睡狮"猛醒，解除中国人民的疾苦，摘掉头上那顶"东亚病夫"的耻辱帽子。西方现代科学强烈冲击了中国的旧式教育，"开启民智""昌明教育""教育救国"的声音振聋发聩。孙中山在《建国方略》中写道："夫国者，人之所积也。人者，心之所器也。国家政治者，一人群心理之现象也。是以建国之基，当发端于心理。"① 他认为"一国之趋势，为万众之心理所造成；"② 要实现教育救国，就要提高国民的素质，改造旧的国民性，塑造新的国民。改造国民性首先要改造国民的精神，改造国民的精神在于改造国民的行为，而改造人的行为在于改造人的心理。著名教育家李石曾也主张："道德本于行为，行为本于心理，心理本于知识。是故开展人之知识，即通达人之心理也；通达人之心理，即真诚人之行为也；真诚人之行为，即公正人之道德也。教育者，开展人之知识也。欲培养人之有公正之道德，不可不先有真诚之行为；欲有真诚之行为，不可不先有通达之心理；欲有通达之心理，不可不先有开展之知识。"③ 了解人的心理是改造人的心理的前

---

① 《孙中山全集》（第6卷），北京：中华书局1981年版，第214—215页。

② 孙文：《心理建设》，上海：一心书店1937年版，第83页。

③ 李石曾：《无政府说》，载《辛亥革命前十年时间政选集》（第三卷），北京：三联书店1960年版，第162—163页。

提，了解人的心理是进行教育的前提，而心理学具有了解心理、改造心理的作用。所以，当时一批有志青年纷纷远赴重洋攻读心理学。[①] 汪敬熙后来对他出国为何学习心理学的回忆最能说明这一点，他说："在十五六年前，更有一种原因使心理学渐渐风行。那时候，许多人有一种信仰，以为想改革中国必须从改造社会入手；如想改造社会必须经过一番彻底的研究；心理学就是这种研究必需的工具之一，我记得那时候好些同学因为受到这种信仰的影响，而去读些心理学书，听些心理学的功课。"[②] 张耀翔赴美前夕，曾与同学廖世承商讨到美国所学专业，认为人为万物之灵，强国必须强民，强民必须强心，于是决心像范源廉先生（当时清华学堂校长）那样，身许祖国的教育事业，并用一首打油诗表达了他选学心理学的意愿："湖海飘零廿二

---

① 中国学生大批留美始于 1908 年的"庚款留学"。1911 年经清政府批准，成立了留美预备学校即清华学堂。辛亥革命爆发之后，清华学堂因战事及经费来源断绝原因停顿半年之久，至 1912 年 5 月学堂复校，改称"清华学校"。由于"教育救国"运动的需要，辛亥革命之后留美教育得以延续。在这批留美大潮中，有相当一部分留学生以心理学作为主修专业，为此后中国现代心理学的发展积聚下了专业人才。据 1937 年的《清华同学录》统计，学教育、心理者（包括选修两门以上学科者，其中之一是教育心理）共 81 人。早期的心理学留学生主要有：王长平（1912 年赴美，1915 年回国）、唐钺（1914 年赴美，1921 年回国）、陈鹤琴（1914 年赴美，1919 年回国）、凌冰（1915 年赴美，1919 年回国）、廖世承（1915 年赴美，1919 年回国）、陆志韦（1915 年赴美，1920 年回国）、张耀翔（1915 年赴美，1920 年回国）等。

② 汪敬熙：《中国心理学的将来》，载《独立评论》1933 年第 40 号。

年，今朝赴美快无边。此身原许疗民瘼，誓把心书仔细研!"①
潘菽也指出:"美国的教育不一定适合中国，不如学一种和教育
有关的比较基本的学问，即心理学。"②

在国外学习心理学的留学生接受了著名心理学家的科学训
练，为他们回到中国发展心理学打下了扎实的专业功底。仅以
获得博士学位的心理学留学生群体为例，目前得以确认的指导
过中国心理学博士生的心理学家有美国霍尔（凌冰）、卡尔（陆
志韦、潘菽、王祖廉、蔡乐生、倪中方、刘绍禹）、迈尔斯（沈
有乾、周先庚）、拉施里（胡寄南）、桑代克（刘湛恩）、瑟斯顿
（王徵葵）、吴伟士（刘廷芳、夏云）、皮尔斯伯里（林平卿）、
华伦（庄泽宣）、托尔曼（郭任远）、梅耶（汪敬熙）、黄翼（格
塞尔）、F.H.奥尔波特（吴江霖），英国斯皮尔曼（潘渊、陈
立）、皮尔逊（吴定良），法国瓦龙（杨震华）、福柯（左任侠），
等等。另外，指导过中国学生或授过课的国外著名心理学家还
有冯特（蔡元培）、铁钦纳（董任坚）、吕格尔（潘渊）、皮亚杰
（卢濬）、考夫卡（朱希亮、黄翼）、推孟（黄翼、周先庚）、苛
勒（萧孝嵘）等。由此可见，这些中国留学生海外求学期间接
触到了西方心理学的最前沿知识，为他们回国之后传播各个心
理学学派理论，发展中国现代心理学奠定了坚实的基础。

在海外学成归来的心理学留学生很快成长为我国第一代现

① 程俊英：《耀翔与我》，载张耀翔著：《感觉、情绪及其他——心理
学文集续编》，上海：上海人民出版社 1986 年版，第 308—332 页。

② 潘菽：《潘菽心理学文选》，南京：江苏教育出版社 1987 年版，第
2 页。

代心理学家，他们拉开了中国现代心理学的序幕。他们传播心理学知识，建立心理学实验室，编写心理学教科书，创建大学心理学系所，培养心理学专门人才，成立心理学研究机构和组织，创办心理学专业刊物，从事心理学专门研究与实践，对中国现代心理学的诸多领域作出奠基性和开拓性贡献，分别成为中国心理学各个领域的领军人物。这些归国留学生大都是 25～30 岁之间的青年学者，他们对心理学具有强烈的热情，正如张耀翔所说的："心理学好比我的宗教。"① 同时，他们精力旺盛，受传统思想束缚较少，具有雄心壮志，具有创新精神和开拓意识，致力于发展中国的心理学，致力于在中国建立科学的心理学，力图把"心理学在国人心目中演成一个极饶兴趣、惹人注目的学科"。② 不仅如此，他们还具有更远大的抱负，把中国心理学推向世界水平。就像郭任远在给蔡元培的一封信中所表达的："倘若我们现在提倡心理学一门，数年后这个科学一定不落美国之后。因为科学心理学现在还在萌芽时代。旧派的心理学虽已破坏，新的心理学尚未建设。我们现在若在中国从建设方面着手，将来纵不能在别人之前，也决不致落人后。""倘若我们尽力筹办这个科学，数年后一定能受世界科学界的公认。"③

中国第一代心理学家还积极参与当时我国思想界和学术界

① 张耀翔：《心理学文集》，上海：上海人民出版社 1983 年版，第 231 页。

② 张耀翔：《心理学文集》，上海：上海人民出版社 1983 年版，第 246 页。

③ 郭任远：《郭任远君致校长函》，载《北京大学日刊》1922 年总第 929 号。

的讨论。如陈大齐在"五四"运动时期，积极参与当时科学与灵学的斗争，运用心理学知识反对宣扬神灵的迷信思想。唐钺积极参与了 20 世纪 20 年代初（1923）的"科学与玄学"论战。汪敬熙在北大就读时期就是"五四"运动的健将，也是著名的新潮社的主要成员和《新潮》杂志的主力作者，提倡文学革命，致力于短篇小说的创作，他也是继鲁迅之后较早从事白话小说创作的作家。陆志韦则提倡"五四"新诗运动，他于 1923 年出版的《渡河》诗集，积极探索了新诗歌形式和新格律的实践。

三、制度建设：中国现代心理学的确立

"五四"运动之后，在海外学习心理学的留学生[①]陆续回国。他们从事心理学的职业活动，逐渐形成我国心理学的专业队伍。他们大部分都任教于国内的各大高等院校中，承担心理学的教学与科研任务，积极开展中国现代心理学的早期学科制度建设。他们创建心理学系所、建立心理学实验室、成立心理学专业学会和创办心理学刊物，开创了中国现代心理学的一个辉煌时期。

（一）成立专业学会

1921 年 8 月，在南京高等师范学校组织暑期教育讲习会，有许多学员认为心理学与教育关系密切，于是签名发起组织中

---

① 这些心理学留学生大部分人都获得了博士学位，也有一部分人在欧美未获得博士学位，如张耀翔、谢循初、章益、王雪屏、王书林、阮镜清、普施泽、黄钰生、胡秉正、高文源、费培杰、董任坚、陈雪屏、陈礼江、陈飞鹏等人。他们回国后在心理学领域同样作出了重要贡献。

华心理学会，征求多位心理学教授参加。几天之后，在南京高等师范学校临时大礼堂举行了中华心理学会成立大会，通过了中华心理学会简章，投票选举张耀翔为会长兼编辑股主任，陈鹤琴为总务股主任，陆志韦为研究股主任，廖世承、刘廷芳、凌冰、唐钺为指导员。这是中国第一个心理学专业学会。中华心理学会自成立后，会员每年都有增加，最盛时多达235人。但是由于学术活动未能经常举行，组织逐渐涣散。1931年，郭一岑、艾伟、郭任远、萧孝嵘、沈有乾、吴南轩、陈鹤琴、陈选善、董任坚等人尝试重新筹备中华心理学会，但是后来因为"九一八"国难发生，此事被搁置，中华心理学会就再也没有恢复。

1935年11月，陆志韦发起组织"中国心理学会"，北京大学樊际昌、清华大学孙国华、燕京大学陆志韦被推为学会章程的起草人。三人拟定的"中国心理学会章程草案"经过讨论修改后，向各地心理学工作者征求意见，获得大家的一致赞同，认为"建立中国心理学会"是当务之急。1936年11月，心理学界人士34人发出由陈雪屏起草的学会组织启事，正式发起组织中国心理学会。1937年1月24日，在南京国立编译馆大礼堂举行了中国心理学会成立大会。会上公推陆志韦为主席，选出陆志韦、萧孝嵘、周先庚、艾伟、汪敬熙、刘廷芳、唐钺为理事。正当中国心理学会各种活动相继开展之际，"七七事变"爆发，学会活动被迫停止。

1930年秋，时任考试院院长的戴季陶鉴于测验作为考试制度的一种，有意发起组织测验学会。由吴南轩会同史维焕、赖璨二人开始做初步的筹备工作。截至当年 12 月 15 日共征得 57 人的同意做发起人，通过通讯方式选举吴南轩、艾伟、易克橒、陈鹤琴、史维焕、顾克彬、庄泽宣、廖茂如、邰爽秋为筹备委员，陈选善、陆志韦、郭一岑、王书林、彭百川为候补委员，指定吴南轩为筹备召集人，推选吴南轩、彭百川、易克橒为常务委员。1931 年 6 月 21 日，在南京中央大学致知堂召开成立大会和会员大会。

1935 年 10 月，南京中央大学教育学院同仁发起组织中国心理卫生协会，向全国心理学界征求意见，经过心理学、教育、医学等各界共 231 人的酝酿和发起，并得到 146 位知名人士的赞助，中国心理卫生协会于 1936 年 4 月 19 日在南京正式召开成立大会，并通过了《中国心理卫生协会简章》。该协会的宗旨是保持并促进精神健康，防止心理、神经的缺陷与疾病，研究有关心理卫生的学术问题，倡导并促进有关心理卫生的公共事业。1936 年 5 月，经过投票选举艾伟、吴南轩、萧孝嵘、陈剑脩、陈鹤琴等 35 人为理事，周先庚、方治、高阳等 15 人为候补理事，陈大齐、陈礼江、杨亮功、刘廷芳、廖世承等 21 人为监事，梅贻琦、章益、郑洪年等 9 人为候补监事。在 6 月 19 日举行的第一次理事会议上，推举吴南轩（总干事）、萧孝嵘、艾伟、陈剑脩、朱章赓为常务理事。

（二）创办学术期刊

《心理》，英文刊名为 *Chinese Journal of Psychology*，由张耀翔于 1922 年 1 月在北平筹备创办的我国第一种心理学期刊。编辑部设在北京高等师范学校心理学实验室的中华心理学会总会，它作为中华心理学会会刊，其办刊宗旨之一是，"中华心理学会会员承认心理学自身是世上最有趣味的一种科学。他们研究，就是要得这种精神上的快乐。办这个杂志，是要别人也得同样的快乐"。[①] 《心理》由张耀翔主编，上海中华书局印刷发行，于 1927 年 7 月终刊。该刊总共发表论文 163 篇，其中具有创作性质的论文至少 50 篇。1927 年，周先庚以《1922 年以来中国心理学旨趣的趋势》为题向西方心理学界介绍了刊发在《心理》杂志上共分为 21 类的 110 篇论文。[②] 这是中国心理学界的研究成果第一次集体展示于西方心理学界，促进了后者对中国心理学的了解。

《心理半年刊》，英文刊名为 *The N. C. Journal of psychology*，由中央大学心理学系编辑，艾伟任主编，于 1934 年 1 月 1 日在南京创刊，至 1937 年 1 月 1 日出版第 4 卷 1 期后停刊，共出版 7 期。其中后 5 期均为"应用心理专号"，可见当时办刊宗旨是指向心理学的应用。该刊总共载文 88 篇，其中译文 21 篇。

《心理季刊》是由上海大夏大学心理学会出版，1936 年 4 月创刊，1937 年 6 月终刊。该刊主任编辑为章颐年，其办刊宗旨是"应用心理科学，改进日常生活"，它是当时国内唯一一份关于心理科学的通俗刊物。《心理季刊》共出版 6 期，发表 87 篇文章（包括译文 4 篇）。栏目主要有理论探讨、生活应用、实验报告及参考、名人传记、书报评论、心理消息、论文摘要等七

---

① 《本杂志宗旨》，载《心理》1922 年第 1 卷 1 号。

② Chou，S. K.，Trends in Chinese psychological interests *since 1922*. *The American Journal of Psychology*. 1927，38（3）.

个栏目，还有插图照片 25 帧。

《中国心理学报》由燕京大学和清华大学心理学系编印，1936 年 9 月创刊，1937 年 6 月终刊。后成为中国心理学会会刊。主任编辑为陆志韦，编辑为孙国华和周先庚。蔡元培为该刊题写了刊名。在该刊 1 卷 1 期的编后语中，追念 20 年代张耀翔主编的《心理》杂志，称这次出版"名曰《中国心理学报》，亦以继往启来也"。该刊英文名字为 *The Chinese Journal of Psychology*，与《心理》杂志英文名字完全相同，因此可以把《中国心理学报》看作是《心理》杂志的延续或新生。同时，《中国心理学报》在当时也承担起不同于 20 年代"鼓吹喧闹，笔阵纵横"拓荒期的责任，不再是宣传各家学说，而是进入扎扎实实地开展心理学研究的阶段，从事"系统之建立""以树立为我中华民国之心理学"。该刊总共发表文章 24 篇，其中实验报告 14 篇，系统论述文章 4 篇，书评 3 篇，其他有关实验仪器的介绍、统计方法等 3 篇。

抗战全面爆发之前，我国出版的心理学刊物还有以下几种：[①]《测验》是 1932 年 5 月由中国测验学会创刊的专业性杂志，专门发表关于测验的学术论文。共出版 9 期，于 1937 年 1 月出版最后一期之后停刊，计发表 100 余篇文章。《心理附刊》是中央大学日刊中每周一期的两页周刊，1934 年 11 月 20 日发刊，中间多次中断，1937 年 1 月 14 日以后完全停刊。该刊载文多为译文，由该校"心理学会同仁于研习攻读之暇所主持"，其

---

① 杨鑫辉、赵莉如主编：《心理学通史》（第 2 卷），济南：山东教育出版社 2000 年版，第 209—212 页，第 217—226 页。

宗旨是"促进我国心理学正当的发展，提倡心理学的研究和推广心理学的应用"。该刊共出版 45 期，计发表文章 59 篇，其中译文 47 篇，多数文章都是分期连载。《中央研究院心理研究所丛刊》是中央研究院心理研究所印行的一种不定期刊物，专门发表动物学习和神经生理方面的实验研究报告或论文，共出版 5 期。同时心理研究所还出版了《中央研究院心理研究所专刊》，共发行 10 期。这两份刊物每一期为一专题论文，均为英文撰写，其中多篇研究报告都具有较高的学术价值。《心理教育实验专篇》是中央大学教育学院教育实验所编辑发行的一种不定期刊物，专门发表心理教育实验报告，共出版 7 期。1934 年 2 月出版第 1 卷 1 期，1939 年出版第 4 卷 1 期，此后停止刊行。

（三）建立教学和研究机构

1920 年，南京高等师范学校教育科设立了心理学系，这是我国建立的第一个心理学系。不久，该校更名为东南大学，东南大学的心理学系仍属教育科。当时中国大学开设独立心理学系的只有东南大学。陈鹤琴任该校教务长，廖世承任教育科教授。在陆志韦的领导下，心理学系发展得较快，有"国内最完备的心理学系"之誉，心理学系配有仪器和设备先进的心理学实验室。1927 年，东南大学与江苏其他八所高校合并成立第四中山大学，不久又更名为中央大学。中央大学完全承袭了东南大学的心理学仪器和图书，原注重理科的学科组成心理学系，隶属于理学院，潘菽任系主任。原注重教育的学科组成教育心理组，隶属于教育学系。1929 年，教育心理组扩充为教育心理学系，隶属教育学院，艾伟为系主任。1932 年，教育心理学系与理学院心理学系合并一系，隶属于教育学院，萧孝嵘出任系主任。1939 年，中央大学教育学院改为师范学院，心理学系复归理学院，并在师范学院设立教育心理学所，艾伟出任所长。

1926 年，北京大学正式建立心理学系。早在 1919 年，蔡元培在北京大学将学门改为学系，并在实行选科制时，将大学本科各学系分为五个学组，第三学组为心理学系、哲学系、教育系，当时只有哲学系存在，其他两系未能成立，有关心理学的课程都附设在哲学门（系）。1917 年陈大齐在北京大学建立了中国第一个心理学实验室，次年他编写了我国第一本大学心理学教科书《心理学大纲》，该书广为使用，产生很大影响。1926 年正式成立心理学系，并陆续添置实验仪器，使心理学实验室开始初具规模，不仅可以满足学生学习使用，教授也可以用来进行专门的研究。

1922 年，庄泽宣回国后在清华大学（当时是清华学校时期）开始讲授普通心理学课程。1926 年，清华大学将教育学和心理学并重而成立教育心理系。1928 年 3 月 1 日，出版由教育心理系师生合编的刊物《教育与心理》（半年刊），时任系主任为主任编辑朱君毅，编辑牟乃祚和傅任敢。当年秋天清华大学成立心理学系，隶属于理学院，唐钺任心理学系主任，1930 年起孙国华担任心理学系主任。1932 年秋，清华大学设立心理研究所（后改称研究部），开始招收研究生。清华大学心理学系建立了一个在当时设备比较先进、完善的心理学实验室，其规模在当时中国心理学界内是数一数二的。

1923 年 7 月，北京师范大学成立，其前身为北京高等师范学校。1920年9月张耀翔受聘于该校讲授心理学课，包括普通心理学、实验心理学、儿童心理学和教育心理学，并创建了一个可容十人的心理学实验室，可称得上当时中国第二个心理学室实验室。

1923年，郭任远受聘于复旦大学讲授心理学。当年秋季招收了十余名学生，成立心理学系，隶属于理科，初设人类行为之初步、实验心理学、比较心理学、心理学审明与翻译四门课程。1924年聘请唐钺讲授心理学史。郭任远曾将几百本心理学书籍杂志用作心理学系的图书资料，并募集资金添置实验仪器、动物和书籍杂志，其中动物就有鼠、鸽、兔、狗和猴等多种，以供实验和研究所用。至1924年，该系已经拥有了心理学、生理学和生物学方面中外书籍2000余册，杂志50余种。1925年郭任远募集资金盖了一个四层楼房，名为"子彬院"，将心理学系扩建为心理学院，并出任心理学院主任，这是当时国内唯一的一所心理学院。其规模居世界第三位，仅次于苏联巴甫洛夫心理学院和美国普林斯顿心理学院，故被称为远东第一心理学院。心理学院下拟设生物学系、生理学及解剖学系、动物心理学系、变态心理学系、社会心理学系、儿童心理学系、普通心理学系和应用心理学系等八个系，并计划将来变态心理学系附设精神病院，儿童心理学系附设育婴医院，应用心理学系附设实验学校。子彬院大楼内设有人类实验室、动物实验室、生物实验室、图书室、演讲厅、影戏厅、照相室、教室等。郭任远招揽了国内顶尖的教授到该院任教，在当时全国教育界享有"一院八博士"之誉。

1924年，上海大夏大学成立。最初在文科设心理学系，教育科设教育心理组，并建有心理实验室。1936年，扩充为教育学院教育心理学系，章颐年任系主任。当时该系办得很好，教育部特拨款添置设备，扩充实验室，增设动物心理实验室，并相继开展了多项动物心理研究。大夏大学心理学系很重视实践，自制或仿制实验仪器，并为其他大学心理学系代制心理学仪器，还印制了西方著名心理学家图片和情绪判断测验用图片，供心理学界同仁使用。该系师生还组织成立了校心理学会，创办儿童心理诊察所。大夏大学心理学系在心理学的应用和走向生活方面，属于当时国内心理学界的佼佼者。

1919年，燕京大学最早设立心理科。1920年刘廷芳赴燕京大学教授心理学课程，翌年经刘廷芳建议，心理学与哲学分家独立成系，隶属理学院，由刘廷芳兼任系主任，直至1925年。1926年燕京大学进行专业重组，心理学系隶属文学院。刘廷芳本年度赴美讲学，陆志韦赴燕京大学就任心理学系主任和教授。刘廷芳在美期间为心理学系募款，得到白兰女士（Mrs. Mary Blair）巨额捐助，心理学系的图书仪器设备得到充实，实验室因此命名为"白兰氏心理实验室"。

1929年，辅仁大学成立心理学系，首任系主任为德国人葛尔慈教授（Fr. Joseph Goertz），他曾师从德国实验心理学家林德渥斯基（Johannes Lindworsky），林德渥斯基是科学心理学之父冯特的学生。葛尔慈继承了德国实验心理学派的研究传统，在辅仁大学建立了在当时堪称一流的实验室，其实验仪器均是购自国外最先进的设备。

1927 年 6 月，中山大学成立心理学系，隶属文学院，并创建心理研究所，聘汪敬熙为系、所的主任。他开设了心理学概论、心理学论文选读和科学方法专题等课程。1927 年 2 月汪敬熙在美国留学期间，受戴季陶和傅斯年的邀请回国创办心理研究所，随即着手订购仪器。心理研究所创办时"已购有值毫银万元之仪器，堪足为生理心理学，及动物行为的研究之用，在设备上，在中国无可称二，即比之美国有名大学之心理学实验室，亦无多愧"①。

据《中华民国教育年鉴》统计，截止到 1934 年我国有国立、省立和私立大学共 55 所，其中有 21 所院校设立了心理学系（组）。至 1937 年之前，国内还有一些大学尽管没有成立心理学系，但通常在教育系下开设有心理学课程，甚至创建有心理学实验室，这些心理学力量同样也为心理学在中国的发展作出了重要贡献，如湖南大学教育学系中的心理学专业和金陵大学的心理学专业。

1928 年 4 月，中央研究院正式成立，蔡元培任院长。心理研究所为最初计划成立的五个研究所之一，这是我国第一个国家级的心理学专门研究机构。1928 年 1 月"中央研究院组织法"公布之后，心理研究所着手筹备，筹备委员会包括唐钺、汪敬熙、郭任远、傅斯年、陈宝锷、樊际昌等六人。② 1929 年 4 月

---

① 引自阎书昌：《中国近现代心理学史（1872—1949）》，上海：上海教育出版社 2015 年版，第 129 页。

② 《中央研究院心理学研究所筹备委员会名录》，载《大学院公报》1928 年第 1 期。

中央研究院决定成立心理研究所，于 5 月在北平正式成立，唐钺任所长。1933 年 3 月心理研究所南迁上海，汪敬熙任所长。此时工作重点侧重神经生理方面的研究。1935 年 6 月，心理研究所又由上海迁往南京。1937 年，抗战全面爆发后，心理研究所迁往长沙，后到湖南南岳，又由南岳经桂林至阳朔，1940 年冬，至桂林南部的雁山村稍微安定，才恢复了科研工作。抗战胜利后，1946 年 9 月，心理研究所再次迁回上海。

（四）统一与审定专业术语

作为一个学科，其专业术语的定制具有重要的意义。1908 年，清学部尚书荣庆聘严复为学部编订名词馆总纂，致力于各个学科学术名词的厘定与统一。学部编订名词馆是我国第一个审定科学技术术语的统一机构。《科学》发刊词指出："译述之事，定名为难。而在科学，新名尤多。名词不定，则科学无所依倚而立。"① 庄泽宣留学回国之后发现心理学书籍越来越多，但是各人所用的心理学名词各异，深感心理学工作开展很不方便。1922 年，中华教育改进社聘请美国教育心理测验专家麦柯尔（William Anderson McCall，1891—1982）来华讲学并主持编制多种测验。麦柯尔曾邀请朱君毅审查统计和测验的名词。随后他又提出要开展心理学名词审定工作，并打算邀请张耀翔来做这件事情，但后来把这件事情委托给了庄泽宣。庄泽宣声称利用这次机会，可以钻研一下中国的文字适用于科学的程度如何。庄泽宣首先利用华伦著《人类心理学要领》（*Elements of*

----

① 《发刊词》，载《科学》1915 年第 1 卷第 1 期。

Human Psychology，1922）一书的心理学术语表，并参照其他的书籍做了增减，然后对所用的汉语心理学名词进行汇总。本来当时计划召集京津附近的心理学者进行商议，但是未能促成。庄泽宣在和麦柯尔商议之后，就开始"大胆定译名"，最后形成了译名草案，由中华教育改进社在 1923 年 7 月印制之后分别寄送给北京、天津、上海、南京的心理学家，以征求意见。最后由中华教育改进社于 1924 年正式出版中英文对照的《心理学名词汉译》一书。

继庄泽宣开展心理学名词审查之后，1931 年清华大学心理系主任孙国华领导心理学系及清华心理学会全体师生着手编制中国心理学字典。此时正值周先庚回国，他告知华伦的心理学词典编制计划在美国早已公布，而且规模宏大，筹划精密，两三年内应该能出版。中国心理学字典的编译工作可以暂缓，待华伦的心理学词典出版之后再开展此项工作。1934 年该系助教米景沅开始搜集整理英汉心理学名词，共计 6000 多词条，初选之后为 3000 多，并抄录成册，曾呈请陆志韦校阅，为刊印英汉心理学名词对照表做准备。而此时由国立编译馆策划，赵演主持的心理学名词审查工作也已开始，一改过去个人或小规模进行心理学名词编制工作的局面，组织了当时中国心理学界多方面的力量参与这项工作，并取得很好的成绩。

1935 年夏天，商务印书馆开始筹划心理学名词的审查工作，由赵演主持，左任侠协助。商务印书馆计划将心理学名词分普通心理学、变态心理学、生理心理学、应用心理学和心理学仪器与设备五部分分别审查，普通心理学名词是最早开始审查的。

赵演首先利用华伦的《心理学词典》（*Dictionary of Psychology*）搜集心理学专业名词，并参照其他书籍共整理出 2732 个英文心理学名词。在整理英文心理学名词之后，他又根据 49 种重要的中文心理学译著，整理出心理学名词的汉译名称，又将散见于当时报刊上的一些汉译名词补入，共整理出 3000 多个。此后又将这些资料分寄给国内 59 位心理学家，以及 13 所大学的教育学院或教育系征求意见，此后相继收到 40 多位心理学家的反馈意见。这基本上反映了国内心理学界对这份心理学名词的审查意见。例如，潘菽在反馈意见中提到，心理学名词的审查意味着标准化，但应该是帮助标准化，而不能创造标准。心理学名词自身需要经过生存的竞争，待到流行开来再进行审查，通过审查进而努力使其标准化。[①] 经过此番的征求意见之后，整理出 1393 条心理学名词。此时成立了以陆志韦为主任委员的普通心理学名词审查委员会，共 22 名心理学家，审查委员会的成员均为教育部正式聘请。赵演还整理了心理学仪器名词 1000 多条，从中选择了重要的 287 条仪器名称和普通心理学名词一并送审。1937 年 1 月 19 日在国立编译馆举行由各审查委员会成员参加的审查会议，最后审查通过了 2000 多条普通心理学名词，100 多条心理学仪器名词（后来并入普通心理学名词之中）。1937 年 3 月 18 日教育部正式公布审查通过的普通心理学名词。1939 年 5 月商务印书馆刊行了《普通心理学名词》。赵演空难离世，致使原本拟定的变态心理学、生理心理学和应用心理学名

---

① 潘菽：《审查心理学名词的原则》，载《心理学半年》1936 年第 3 卷 1 期。

词的审定工作中止了，当然，全面抗战的爆发也是此项工作未能继续下去的重要原因。

四、中国本土化：中国现代心理学的目标

早在 1922 年《心理》杂志的发刊词中就明确提出："中华心理学会会员研究心理学是从三方面进行：一、昌明国内旧有的材料；二、考察国外新有的材料；三、根据这两种材料来发明自己的理论和实验。办这个杂志，是要报告他们三方面研究的结果给大家和后世看。"① "发明自己的理论和实验"为中国早期心理学者提出了发展的方向和目标，就是要实现心理学的中国本土化。

自《心理》杂志创刊之后，有一批心理学文章探讨了中国传统文化中的心理学思想，例如余家菊的《荀子心理学》、汪震的《戴震的心理学》和《王阳明心理学》、无观的《墨子心理学》、林昭音的《墨翟心理学之研究》、金拈之的《孟荀贾谊董仲舒诸子性说》、程俊英的《中国古代学者论人性之善恶》和《汉魏时代之心理测验》、梁启超的《佛教心理学浅测》等。② 这些文章在梳理中国传统文化中心理学思想的同时，还提出建设"中国心理学"的本土化意识。汪震在《王阳明心理学》一文中提出："我们研究中国一家一家心理的目的，就是想造成一部有

① 《本杂志宗旨》，载《心理》1922 年第 1 卷 1 号。
② 张耀翔：《从著述上观察中国心理学之研究》，载《图书评论》1933 年第 1 期。

系统的中国心理学。我们的方法是把一家一家的心理学用科学方法整理出来，然后放在一处作一番比较，考察其中因果的关系，进一步的方向，成功一部中国心理学史。"① 景昌极在《中国心理学大纲》一文更为强调中国"固有"的心理学："所谓中国心理学者，指中国固有之心理学而言，外来之佛教心理学等不与焉。"② 与此同时，中国早期心理学家还从多个维度上开展了面向中国人生活文化与实践的心理学考察和研究，为构建中国人的心理学或者说中国心理学进行了早期探索工作。例如，张耀翔以中国的八卦和阿拉伯数字为研究素材，用来测验中国人学习能力，尤其是学习中国文字的能力。③ 又如，罗志儒对1600多中国名人的名字进行等级评定，分析了名字笔画、意义、词性以及是否单双字与出名的关系。④ 再如，陶德怡调查了《康熙字典》中形容善恶的汉字，并予以分类、比较，由此推测国民对于善恶的心理，以及国民道德的特色和缺点，并提出了改进国民道德的建议。⑤ 这些研究并非是单纯的文本分析，既有利用中国传统文化中的资料为研究素材所开展的探讨，也有利用现实生活的资料为素材，探讨中国人的心理与行为规律。从这些研究中，我们可以看出中国早期开展的心理学研究对中西方

① 汪震：《王阳明心理学》，载《心理》1924年第3卷3号。

② 景昌极：《中国心理学大纲》，载《学衡》1922年第8期。

③ 张耀翔：《八卦研究》，载《心理》1922年第1卷2号。

④ 罗志儒：《出名与命名的关系》，载《心理》1924年第3卷第4号。

⑤ 引自阎书昌：《中国近现代心理学史（1872—1949）》，上海：上海教育出版社2015年版，第193页。

文化差异的关注和探索，对传统文化和生活实践的重视。

到了 20 世纪 30 年代，中国心理学在各个领域都取得了长足的发展，一些心理学家开始总结过去 20 年发展的经验和不足，讨论中国心理学到底要走什么样的道路。1933 年，张耀翔在《从著述上观察中国心理学之研究》一文中写道："'中国心理学'可作两解：（一）中国人创造之心理学，不拘理论或实验，苟非抄袭外国陈言或模仿他人实验者皆是；（二）中国人绍介之心理学，凡一切翻译及由外国文改编，略加议论者皆是。此二种中，自以前者较为可贵，惜不多见，除留学生数篇毕业论文（其中亦不尽为创作）与国内二三大胆作者若干篇'怪题'研究之外，几无足述。"[①] 可见，张耀翔明确提出要发展中国人自己的心理学。同年，汪敬熙在《中国心理学的将来》一文中提出了中国心理学的发展方向问题："心理学并不是没有希望的路走……中国心理学可走的路途可分理论的及实用的研究两方面说。……简单说来，就国际心理学界近来的趋势，和我国心理学的现状看去，理论的研究有两条有希望的路。一是利用动物生态学的方法或实验方法去详细记载人或其他动物自受胎起至老死止之行为的发展。在儿童心理学及动物心理学均有充分做这种研究的机会。这种记载是心理学所必需的基础。二是利用生理学的智识和方法去做行为之实验的分析"[②]，而实用的研究这条路则是工业心理的研究。汪敬熙的研究思想及成果对我

---

① 张耀翔：《从著述上观察中国心理学之研究》，载《图书评论》1933 年第 1 期。

② 汪敬熙：《中国心理学的将来》，载《独立评论》1933 年第 40 号。

国心理学的生理基础领域研究有着深远的影响。1937年，潘菽在《把应用心理学应用于中国》一文中提出："我们要讲的心理学，不能把德国的或美国的或其他国家的心理学尽量搬了来就算完事。我们必须研究我们自己所要研究的问题。研究心理学的理论方面应该如此，研究心理学的应用方面更应该如此。"只有"研究中国所有的实际问题，然后才能有贡献于社会，也只有这样，我们才能使应用心理学在中国发达起来。……我们以后应该提倡应用的研究，但提倡的并不是欧美现有的应用心理学，而是中国实际所需要的应用心理学。"[①]

上述这些论述包含着真知灼见，其背后隐含着我国第一代心理学家对心理学在中国的本土化和发展中国人自己心理学的情怀。发展中国的心理学固然需要翻译和引介西方的心理学，模仿和学习国外心理学家开展研究，但这并不能因此而忽视、漠视中国早期心理学家本土意识的萌生，并进而促进中国心理学的自主性发展。[②] 在中国现代心理学的各个领域分支中，都有一批心理学家在执着于面向中国生活的心理学实践工作的开展，其中有两个最能反映中国第一代心理学家以本土文化和社会实践为努力目标进行开拓性研究并取得丰硕成果的领域：一是汉字心理学研究，二是教育与心理测验。

[①] 潘菽：《把应用心理学应用于中国》，载《心理半年刊》1937年第4卷1期。

[②] Blowers，G. H.，Cheung，B. T.，& Han，R.，Emulation vs. indigenization in the reception of western psychology in Republican China：An analysis of the content of Chinese psychology journals（1922－1937）. *Journal of the History of the Behavioral Sciences*. 2009，45（1）.

汉字是中国独特的文化产物。以汉语为母语的中国人在接触西方心理学的过程中很容易唤起本土研究的意识，引起那些接受西方心理学训练的中国留学生的关注，并采用科学的方法对其进行研究。20世纪20年代前后中国国内正在兴起新文化运动，文字改革的呼声日渐高涨。最早开展汉字心理研究的是刘廷芳于1916—1919年在美国哥伦比亚大学所做的六组实验，其被试使用了398名中国成年人，18名中国儿童，9名美国成年人和140名美国儿童。[①] 其成果后来于1923—1924年在北京出版的英文杂志《中国社会与政治学报》（*The Chinese Social and Political Science Review*）上分次刊载。1918年张耀翔在哥伦比亚大学进行过"横行排列与直行排列之研究"[②]，1919年高仁山（Kao，J. S.）与查良钊（Cha，L. C.）在芝加哥大学开展了汉语和英文阅读中眼动的实验观察，1920年柯松以中文和英文为实验材料进行了阅读效率的研究。[③] 自1920年起陈鹤琴等人花了三年时间进行语体文应用字汇的研究，并根据研究结果编成中国第一本汉字查频资料即《语体文应用字汇》，开创了汉字字量的科学研究之先河，为编写成人扫盲教材和儿童课本、读物提供了用字的科学依据。1921—1923年周学章在桑代克的指

---

① 周先庚：《美人判断汉字位置之分析》，载《测验》1934年第3卷1期。

② 艾伟：《中国学科心理学之发展》，载《教育心理研究》1940年第1卷3期。

③ Tinker，M. A.，Physiological psychology of reading. *Psychological Bulletin*，1931，28（2）. 转引自陈汉标：《中文直读研究的总检讨》，载《教育杂志》1935年第25卷10期。

导下进行"国文量表"的博士学位论文研究，1922—1924 年杜佐周在爱荷华州立大学做汉字研究。1923—1925 年艾伟在华盛顿大学研究汉字心理，他获得博士学位回国后，一直致力于汉语的教与学的探讨，其专著《汉字问题》（1949）对提高汉字学习效能、推动汉字简化以及汉字由直排改为横排等，均产生了重要影响。1925—1927 年沈有乾在斯坦福大学进行汉字研究并发表了实验报告，他是利用眼动照相机观察阅读时眼动情况的早期研究者之一。1925 年赵裕仁在国内《新教育》杂志上发表了《中国文字直写横写的研究》，1926 年陈礼江和卡尔在美国《实验心理学杂志》上发表关于横直读的比较研究。同一年，章益在华盛顿州立大学完成《横直排列及新旧标点对于阅读效率之影响》的研究，蔡乐生（Loh Seng，Tsai）在芝加哥大学设计并开展了一系列的汉字心理研究，并于 1928 年与亚伯奈蒂（E. Abernethy）合作发表了《汉字的心理学Ⅰ：字的繁简与学习的难易》一文[①]，其后又分别完成了"字的部首与学习之迁移""横直写速率的比较""长期练习与横直写速率的关系"等多项实验研究。蔡乐生在研究中从笔画多少以及整体性的角度，首次发现和证明了汉字心理学与格式塔心理学的关联性。[②] 1925 年周先庚于入学斯坦福大学之后，在迈尔斯指导下开展了汉字阅读心理的系列研究。他关于汉字横竖排对阅读影响的实验结

---

① 阎书昌：《中国近现代心理学史（1872—1949）》，上海：上海教育出版社 2015 年版，第 162 页。

② 蔡乐生：《为〈汉字的心理研究〉答周先庚先生》，载《测验》1935 年第 2 卷 2 期。

果，证实了决定汉字横竖排利弊的具体条件。他并没有拘泥于汉字横直读的比较问题上，而是探索汉字位置和阅读方向的关系。周先庚受格式塔心理学的影响，从汉字的组织性视角来审视，一个汉字与其他汉字在横排上的格式塔能否迁移到竖排汉字的格式塔上，以及这种迁移对阅读速度影响大小的问题。他提出汉字分析的三个要素，即位置、方向及持续时间，其中位置是最为重要的要素。① 他在美国《实验心理学杂志》和《心理学评论》上分别发表了四篇实验报告和一篇理论概括性文章。他还热衷于阅读实验仪器的设计与改良，曾发明四门速示器（Quadrant Tachistocope）专门用于研究汉字的识别与阅读。

1920 年前后有十多位心理学家从事汉字心理学的相关研究，其中既有中国留学生在美国导师指导下进行的研究，也有国内学者开展的研究，研究的主题多为汉字的横直读与理解、阅读效率等问题，这与当时新文化运动中革新旧文化和旧习惯思潮有着紧密联系，同时也受到东西方文字碰撞的影响，因为中国旧文字竖写，而西方文字横写，两种文字的混排会造成阅读的困扰。这些心理学家在当时开展汉字的心理学研究的方法涉及速度记录法、眼动记录、速示法、消字法等多种方法，而且还有学者专门为研究汉字研制了实验仪器，利用的中国语言文字材料涉及文言文散文、白话散文、七言诗句等，从而在国际心理学舞台上开创了一个崭新的研究领域，对于改变汉字此前在西方心理学研究之中仅仅被用作西方人不认识的实验材料的局

---

① Chou，S. K.，Reading and legibility of Chinese characters. *Journal of Experimental Psychology*. 1929，12（2）.

面具有重要的意义。① 汉字心理学研究对推动心理学的中国本土化作出了重要贡献，同时也为国内文字改革提供了科学的实验依据，正如蔡乐生所说："我向来研究汉字心理学的动机是在应用心理学实验的技术，求得客观可靠的事实，来解决中国字效率的问题。"②

在中国现代心理学发展历程中一向重视心理测验工作，测验一直与教育有着密切联系，在此基础上，逐渐向其他领域不断扩展。在 20 世纪 20 年代，仅《心理》杂志就刊载智力测验类文章 14 篇，教育测验类文章 11 篇，心理测验类文章 3 篇，职业测验类文章 1 篇。另外，还介绍其他杂志上测验类文章 57 篇。这反映了 20 年代初期国内心理与教育测验发展迅猛。

陈鹤琴与廖世承最早开拓了中国现代心理与教育测验事业，大力倡导、践行这一领域的工作。陈鹤琴在国内较早发表了《心理测验》③《智力测验的用处》④ 等文章。1921 年他与廖世承合著的《智力测验法》是我国第一部心理测验方面著作。该书介绍个人测验与团体测验，其中 23 种直接采用了国外的内容，12 种根据中国学生的特点自行创编。该书被时任南京高师校长

---

① 例如 1920 年赫尔（Clark Leonard Hull）、1923 年郭任远都曾利用汉字做过实验素材。

② 蔡乐生：《为〈汉字的心理研究〉答周先庚先生》，载《测验》1935 年第 2 卷 2 期。

③ 陈鹤琴：《心理测验》，载《教育杂志》1921 年第 13 卷 1 期。

④ 陈鹤琴：《智力测验的用处》，载《心理》1922 年第 1 卷 1 号。

郭秉文赞誉为："将来纸贵一时，无可待言。"①陈鹤琴还自编各种测验，如"陈氏初小默读测验""陈氏小学默读测验"等。他的默读测验、普通科学测验和国语词汇测验被冠以"陈氏测验法"。②后又著有《教育测验与统计》（1932）和《测验概要》（与廖世承合著，1925）等。③廖世承在团体测验编制上贡献最大，1922年美国哥伦比亚大学心理学教授、测验专家麦柯尔来华指导编制各种测验，廖世承协助其工作。廖世承编制了"道德意识测验"（1922）、"廖世承团体智力测验"（1923）、"廖世承图形测验"（1923）和"廖世承中学国语常识测验"（1923）等。1925年他与陈鹤琴合著的《测验概要》出版，该书强调从中国实际出发，"书中所举测验材料，大都专为适应我国儿童的"。④该书奠定了我国中小学教育测验的基础，在当时处于领先水平。这一年也被称为"廖氏之团体测验年"，是教育测验上的一大创举。⑤1924年，陆志韦从中国实际出发，主持修订《比纳-西蒙量表》，并公布了《订正比纳-西蒙智力测验说明书》。

---

① 北京市教育科学研究所编：《陈鹤琴全集》（第5卷），南京：江苏教育出版社1991年版，第384页。

② 据《中华教育改进社第三次会务报告》记载，截至1924年6月，该社编辑出版的19种各类学校测验书籍中，陈鹤琴编写的中学、小学默读测验和常识测验书籍有5本。

③ 北京市教育科学研究所编：《陈鹤琴全集》（第5卷），南京：江苏教育出版社1991年版，第653页。

④ 北京市教育科学研究所编：《陈鹤琴全集》（第5卷），南京：江苏教育出版社1991年版，第653页。

⑤ 许祖云：《廖世承、陈鹤琴〈测验概要〉：教育测验的一座丰碑》，载《江苏教育》2002年19期。

1936 年，陆志韦与吴天敏合作，再次修订《比纳-西蒙测验说明书》，为智力测验在我国的实践应用和发展起到了推动作用。

　　1932 年，《测验》杂志创刊，对心理测验与教育测验工作产生了极大地推动作用，在该杂志上发表了许多文章讨论测验对中国教育的价值和功用。在我国心理测验的发展历程中，还有一批教育测验的成果，如周先庚主持的平民教育促进会的教育测验成果。20 世纪 30 年代，对心理与教育测验领域贡献最大的是同在中央大学任职的艾伟和萧孝嵘。艾伟从 1925 年起编制中小学各年级各学科测验、儿童能力测验及智力测验，如"中学文白理解力量表""汉字工作测验"等八种，"小学算术应用题测验""高中平面几何测验"等九种，大、中学英语测验等四种。这些测验的编制，既是中国编制此类测验的开端，也为心理测量的中国化奠定了基础。艾伟还于 1934 年在南京创办试验学校，直接运用测验于教育，以选拔儿童，因材施教。萧孝嵘于 20 世纪 30 年代中期从事各种心理测验的研究。1934 年着手修订"墨跋智力量表"，他还修订了古氏（Goodenough）"画人测验"、普雷塞（Pressey）"XO 测验"、莱氏（Laird）"品质评定"、马士道（Marston）"人格评定"和邬马（Woodworth-Matheus）"个人事实表格"等量表。抗战全面爆发后，中央大学迁往陪都重庆，他订正数种"挑选学徒的方法"，编制几项"军队智慧测验"。萧孝嵘强调个体差异，重视心理测验在教育、实业、管理、军警中的应用。

五、国际参与性：中国现代心理学的影响

我们完全可以说，我国第一代心理学家的研究水平和国外第二代或第三代心理学家的研究水平是处在同一个起跑线上的，他们取得了极高的学术成就，为我国心理学赢得了世界性荣誉。就中国心理学与国外心理学的差距来说，当时的差距远小于今天的差距。当然，今天的差距主要是中国心理学长期的停滞所造成的结果。中国留学生到国外研修心理学，跟随当时西方著名心理学家们学习和研究，他们当中有人在学习期间就取得了很大成就，产生了国际学术影响。例如，陆志韦应用统计和数学方法对艾宾浩斯提出的记忆问题进行了深入的研究，提出许多新颖的见解，修正了艾宾浩斯的"遗忘曲线"。又如，陈立对其老师斯皮尔曼的 G 因素不变说提出了质疑，被美国著名心理测验学家安娜斯塔西在其《差异心理学》一书中加以引用。后来心理学家泰勒在《人类差异心理学》一书中将陈立的研究成果评价为 G 因素发展研究中的转折点。[①] 下面具体介绍三位在国际心理学界产生更大影响的中国心理学家的主要成就。

（一）郭任远掀起国际心理学界的反本能运动

郭任远在美国读书期间，就对欧美传统心理学中的"本能"学说产生怀疑。1920 年在加利福尼亚大学举行的教育心理学研讨会上，他作了题为《取消心理学上的本能说》的报告，次年

---

① 车文博：《学习陈老开拓创新的精神，开展可持续发展心理学的研究》，载《应用心理学》2001 年第 1 期。

同名论文在美国《哲学杂志》上发表。他说："本篇的主旨，就是取消目下流行的本能说，另于客观的和行为的基础上，建立一个新的心理学解释。"[1] 郭任远尖锐地批评了当时美国心理学权威麦独孤的本能心理学观点，指出其关于人的行为起源于先天遗传而来的本能主张是错误的，认为有机体除受精卵的第一次动作外，别无真正不学而能的反应。该文掀起了震动美国心理学界关于"本能问题"的大论战。麦独孤于1921—1922年撰文对郭任远的批评进行了答辩，并称郭任远是"超华生"的行为主义者。行为主义心理学创始人华生受郭任远这篇论文及其以后无遗传心理学研究成果的影响，毅然放弃了关于"本能的遗传"的见解，逐渐转变成为一个激进的环境决定论者[2]。郭任远后来说："在1920—1921年的一年间虽然有几篇内容相近的、反对和批评本能的论文发表，但是在反对本能问题上，我就敢说，我是最先和最彻底的一个人。"[3]

1923年，郭任远因拒绝按照学术委员会的意见修改学位论文而放弃博士学位回国任教[4]，此后其主张更趋极端，声称不但要否认一切大小本能的存在，就是其他一切关于心理遗传观念和不学而能的观念都要一网打尽，从而建设"一个无遗传的行

---

① Kuo，Z. Y.，Giving up instincts in psychology. *The Journal of Philosophy*. 1921，18（24）.

② Hothersall，D.，*History of Psychology*（*Fourth Edition*）. New York：McGraw-Hill，2004，p. 482.

③ 郭任远：《心理学与遗传》，上海：商务印书馆1929年版，第237页。

④ 1936年，在导师托尔曼的帮助下，郭任远重新获得博士候选人资格，并获得博士学位。

为科学"。① 他明确指出："（1）我根本反对一切本能的存在，我以为一切行为皆是由学习得来的。我不仅说成人没有本能，即使是动物和婴儿也没有这样的东西。（2）我的目的全在于建设一个实验的发生心理学。"为了给他的理论寻找证据，郭任远做了一个著名的"猫鼠同笼"的实验。该实验证明，猫捉老鼠并不是从娘胎生下来就具有的"本能"，而是后天学习的结果。后来郭任远又以独创的"郭窗"（Kuo window）方法研究了鸡的胚胎行为的发展，即先在鸡蛋壳开个透明的小窗口，然后进行孵化，在孵化的过程中对小鸡胚胎的活动进行观察。该研究证明了，一般人认为小鸡一出生就有啄食的"本能"是错误的，啄食的动作是在胚胎中学习的结果。这些实验在今天仍被人们奉为经典。郭任远于1967年出版的专著《行为发展之动力形成论》②，用丰富的事实较完善地阐述了他关于行为发展的理论，一时轰动西方心理学界。

在郭任远逝世2周年之际，1972年美国《比较与生理心理学》杂志刊载了纪念他的专文《郭任远：激进的科学哲学家和革新的实验家》，并以整页刊登他的照片。该文指出："郭任远先生的胚胎研究及其学说，开拓了西方生理学、心理学新领域，尤其是对美国心理学的新的理论研究开了先河，有着不可磨灭的贡献。""他以卓尔不群的姿态和勇于探索的精神为国际学术

---

① Kuo，Z. Y.，A psychology without heredity. *The Psychological Review*. 1924，31（6），pp. 427—448.

② Kuo，Z. Y.，*The dynamics of behavior development*：*An epigenetic view*. New York：Random House. 1967.

界留下一笔丰厚的精神财富"。① 这是《比较与生理心理学》创刊以来唯一一次刊文专门评介一个人物。郭任远是被选入《实验心理学 100 年》一书中唯一的中国心理学家②，他也是目前唯一一位能载入世界心理学史册的中国心理学家。史密斯（N. W. Smith）在《当代心理学体系——历史、理论、研究与应用》（2001）一书的第十三章中，将郭任远专列一节加以介绍。③

（二）萧孝嵘澄清美国心理学界对格式塔心理学的误解

格式塔心理学是西方现代心理学的一个重要派别，最初产生于德国，其三位创始人是柏林大学的惠特海墨、苛勒和考夫卡。1912 年惠特海墨发表的《似动实验研究》一文是该学派创立的标志。1921 年他发表的《格式塔学说研究》一文是描述该学派的最早蓝图。1922 年考夫卡据此文应邀为美国《心理学公报》撰写了一篇《知觉：格式塔理论引论》④，表明了三位领导人的共同观点，引起美国心理学界众说纷纭。当时美国心理学界对于新兴的格式塔运动还不甚了解，甚至存在一些误解。针对这种情况，正在美国读书的中国学生萧孝嵘，于 1927 年在哥伦比亚大学获得硕士学位后即前往德国柏林大学，专门研究格

---

① Gottlieb. G., Zing-Yang Kuo: Radical Scientific Philosopher and Innovative Experimentalist（1898—1970）. *Journal of Comparative and Physiological Psychology*. 1972，8（1）.

② 马前锋：《中国行为主义心理学家郭任远——"超华生"行为主义者》，载《大众心理学》2006 年第 1 期。

③ Smith, N. W. 著，郭本禹等译：《当代心理学体系》，西安：陕西师范大学出版社 2005 年版，第 332—336 页。

④ Koffka, K., Perception: An introduction to Gestalt-theorie. *Psychological Bulletin*. 1922，19.

式塔心理学。他于次年在美国发表了两篇关于格式塔心理学的论文《格式塔心理学的鸟瞰观》[1]和《从1926年至1927年格式塔心理学的某些贡献》[2]，比较系统明晰地阐述了格式塔心理学的主要观点和最新进展。这两篇文章在很大程度上澄清了美国心理学界对格式塔心理学的错误认识，受到著名的《实验心理学史》作者、哈佛大学心理学系主任波林的好评。同一年他将其中的《格式塔心理学的鸟瞰观》稍作增减后在国内发表。[3] 此文引起在我国最早译介格式塔心理学的高觉敷的关注，他建议萧孝嵘撰写一部格式塔心理学专著，以作系统深入的介绍。萧孝嵘于1931年在柏林写就《格式塔心理学原理》，他在此书"缘起"中指出："往岁上海商务印书馆高觉敷先生曾嘱余著一专书……此书之成，实由于高君之建议。""该书专论格式塔心理学之原理。这些原理系散见于各种著作中，而在德国亦尚未有系统的介绍。"[4] 这本著作是我国心理学家在1949年之前出版的唯一一本有关格式塔心理学原理的著作，在心理学界产生了很大的影响。当时在美国有关格式塔心理学原理的著作，仅有苛勒以英文撰写的《格式塔心理学》（*Gestalt Psychology*）于

① Hsiao，H. H.，A suggestive review of Gestalt psychology. *Psychological Review*. 1928，35（4）.

② Hsiao，H. H.，Some contributions of Gestalt psychology from 1926 to 1927. *Psychological Bulletin*. 1928，25（10）.

③ 萧孝嵘：《格式塔心理学的鸟瞰观》，载《教育杂志》1928年第20卷9号。

④ 萧孝嵘：《格式塔心理学原理》，上海：国立编译馆1934年版，"缘起"第1页。

1929 年出版，而考夫卡以英文写作的《格式塔心理学原理》（*Principles of Gestalt Psychology*）则迟至 1935 年才问世。

（三）戴秉衡继承精神分析社会文化学派的思想

戴秉衡（Bingham Dai）于 1929 年赴芝加哥大学学习社会学，1932 年完成硕士学位论文《说方言》。他在分析过若干说方言者的"生命史"与"文化模式"之后，提出一套"社会心理学"的解释："个体为社会不可分割之部分，而人格是文化影响的产物。"① 同年，戴秉衡在攻读芝加哥大学社会学博士学位时，结识并接受精神分析社会文化学派代表人物沙利文的精神分析，沙利文还安排他由该学派的另一代表人物霍妮督导。沙利文和霍妮都反对弗洛伊德的正统精神分析，提出了精神分析的社会文化观点，像他的导师们一样，戴秉衡不仅仅根据内心紧张看待人格问题，而是从社会文化背景理解人格问题。② 1936 年至 1939 年，戴秉衡在莱曼（Richard S. Lyman）任科主任的私立北平协和医学院（北京协和医学院的前身）神经精神科从事门诊、培训和研究工作。拉斯威尔在 1939 年的文章指出，受过社会学和精神分析训练的戴秉衡在协和医学院的工作为分析"神经与精神症人格"，借以发现"特定文化模式整合入人格结构中

---

① 转引自王文基：《"当下为人之大任"——戴秉衡的俗人精神分析》，载《新史学》2006 年第 17 卷第 1 期。

② Blowers，G.，Bingham Dai，Adolf Storfer，and the tentative beginnings of psychoanalytic culture in China，1935 — 1941. *Psychoanalysis And History*. 2004，6（1）.

之深度"。①

1939 年，戴秉衡返回美国，先后在费斯克大学、杜克大学任教。此后，他以在北平协和医学院工作期间收集到的资料继续沿着沙利文的思想进行研究，发表了多篇论文，成为美国代表沙利文学说的权威之一。他在《中国文化中的人格问题》② 一文中分析了中国患者必须面对经济与工作、家庭、学业、社会、婚外情等社会问题。他在《战时分裂的忠诚：一例通敌研究》③ 一文提出疾病来自于社会现实与自我的冲突，适应是双向而非单向的过程，也提出选择使用"原初群体环境"概念取代弗洛伊德的"俄狄浦斯情结"。他重点关注文化模式与人格结构之间的互相作用，并不重视弗洛伊德主张童年经验对个体以后心理性欲发展影响的观点，他更加关注的是"当下"。他也不赞同弗洛伊德的潜意识和驱力理论，始终从意识、社会意识、集体意识出发，思考精神疾病的起因及中国人格结构的生成。他还创立了自己独特的分析方法，被称为"戴分析"（Daianalysis）。据曾在杜克大学研修过的我国台湾叶英堃教授回忆："在门诊部进修时，笔者被安排接受 Bingham Dai 教授的'了解自己'的分析会谈……Dai（戴）教授是中国人，系中国大陆北京协和医院

① 转引自王文基：《"当下为人之大任"——戴秉衡的俗人精神分析》，载《新史学》2006 年第 17 卷第 1 期。

② Dai，B.，Personality problems in Chinese culture. *American Sociological Review*. 1941，6 (5).

③ Dai，B.，Divided loyalty in war：A study of cooperation with the enemy. *Psychiatry*：*Journal of the Biology and Pathology of Interpersonal Relationships*. 1944，7 (4).

的心理学教授……为当时在美国南部为数还少的 Sullivan 学说权威学者之一。"[1]

六、名著丛编：中国现代心理学的掠影

我国诸多学术史研究都存在"远亲近疏"现象。就我国的心理学史研究来说，对中国古代心理学史和外国心理学史研究较多，而对中国近现代心理学史研究较少。中国近现代心理学史研究一直相对粗略，连心理学专业人士对我国第一代心理学家的生平和成就的了解都是一鳞半爪，知之甚少。新中国成立后，由于长期受到左倾思想的影响，心理学不受重视乃至遭到批判甚至被取消，致使大多数主要学术活动在民国期间进行的中国第一代心理学家受到错误批判，一部分新中国成立前夕移居台湾和香港地区或国外的心理学家的研究与思想，在过去较长一段时期内，更是人们不敢提及的研究禁区。这不能不说是我国心理学界的一大缺憾！民国时期的学术是中国现代学术史上成就极大的时期，当时的中国几乎成为世界学术的缩影。就我国心理学研究水平而言，更是如此。中国现代心理学作为现代学科体系中重要的组成部分，正是在民国期间确立的，它是我国当代心理学发展的思想源头，我们不能忘记这一时期中国心理学的学术成就，不能忘记中国第一代心理学家的历史贡献。

---

[1] 王浩威：《1945 年以后精神分析在台湾的发展》，载施琪嘉、沃尔夫冈·森福主编：《中国心理治疗对话·第 2 辑·精神分析在中国》，杭州：杭州出版社 2009 版，第 76 页。

我国民国时期出版了一批高水平、有影响力的心理学著作①，它们作为心理学知识的载体对继承学科知识、传播学科思想、建构中国人的心理学文化起到了重要作用。但遗憾的是，民国期间的心理学著作大多数都被束之高阁，早已被人们所忘却。我们编辑出版的这套"二十世纪中国心理学名著丛编"，作为民国时期出版的心理学著作的一个缩影或窗口，借此重新审视和总结我国这一时期心理学的学术成就，以推进我国当前心理学事业的繁荣和发展。"鉴前世之兴衰，考当今之得失"，这正是我们编辑出版这套"丛编"的根本出发点。

　　这套"丛编"的选编原则是：第一，选编学界有定评、学术上自成体系的心理学名作；第二，选编各心理学分支领域的奠基之作或扛鼎之作；第三，选编各心理学家的成名作品或最具代表之作；第四，选编兼顾反映心理学各分支领域进展的精品力作；第五，选编兼顾不同时期（1918—1949）出版的心理学优秀范本。

郭本禹、阎书昌

2017 年 7 月 18 日

---

　　① 北京图书馆依据北京图书馆、上海图书馆和重庆图书馆馆藏的民国时期出版的中文图书所编的《民国时期总书目》（1911—1949），基本上反映了这段时期中文图书的出版面貌，是当前研究民国时期图书出版较权威的工具书。它是按学科门类以分册形式出版的，根据对其各分册所收录的心理学图书进行统计，民国时期出版的中文心理学图书共计 560 种，原创类图书约占 66％，翻译类图书约占 34％。参见何姣、胡清芬：《出版视阈中的民国时期中国心理学发展史考察——基于民国时期心理学图书的计量分析》，载《心理学探新》2014 年第 2 期。

特约编辑前言

一、艾伟的学术生平

艾伟（1890—1955），英文名：Ai Joseph Wei，中国现代心理学家。原名华泳，字险舟，1890年8月12日生于湖北省沙市，1955年9月27日卒于台湾新竹。[①] 艾伟自小接受私塾教育，研读国学，兼习数理，在私塾教育中打下良好的国文基础，为他以后长达30年的语文教育心理研究生涯奠定了牢固的国学根基。少年时代，艾伟曾进入萧氏所开的鼎新长钱铺做职员，17岁后进入四川人开办的沙市濬川源银号。根据其侄艾国正的讲述，"这个银号财大气粗，职员所受待遇优厚，供应的伙食也很精美，职员闲暇之时常到乡下用猎枪打野鸭以消遣。此时他的物质生活虽然舒服，但是他精神上并不愉快。国家的落后，民族的屈辱敲击着他的心"。[②] 当时正值中国甲午战争惨败，清政府被迫签订了《马关条约》。而条约中开放的商埠就有艾伟的

---

① 艾国正：《纪念艾伟先生》，载《心理学探新》，1990年第2期。
② 艾国正：《纪念艾伟先生》，载《心理学探新》，1990年第2期。

1

家乡沙市。具有强烈爱国情怀和民族意识的艾伟,放弃了已有的舒适生活,在二哥的帮助下离开家乡,来到湖北宜昌,进入当地由美国教会开办的美华书院。美华书院是一所教会学校,所需费用少,可以学到西方的先进科学知识。① 艾伟从小聪颖过人,勤奋好学,进步神速,于是学校曾多次让他跳级升班。在此期间艾伟参加了中国同盟会,并参加了1911年的辛亥革命。美华书院因其革命思想和言行不愿留他,艾伟只好转入安庆圣保罗高等学堂继续上学。② 因毕业成绩优异,名列第一,艾伟得以免费进入上海圣约翰大学一年级理科深造。圣约翰大学为全国著名贵族大学,艾伟因成绩优异,每年均得以免除一切费用。课余时间,艾伟从事教学和写作,以应付日常开支,这在无形中锻炼了他的教学能力和写作能力。③ 1919年,艾伟毕业于上海圣约翰大学。毕业之后,艾伟曾在北京崇实中学进行了两年教育实习。期间正值"五四运动"之后呼唤科学的时期,一批现代学科的引进冲击了旧的教育体制,有识之士提倡科学的新教育,教育救国的口号成为众多学人的心声。1921年秋,心怀教育救国、改造社会、启迪民智信念的艾伟远赴重洋,考入美国哥伦比亚大学师范学院专攻心理学,1922年获教育学硕士学位。随后艾伟转入华盛顿大学研究院研究教育心理学,出任中国留美学生监督处秘书并兼任大学中文教员,1925年获哲学博

---

① 艾国正:《纪念艾伟先生》,载《心理学探新》,1990年第2期。

② 郭本禹主编:《中国心理学经典人物及其研究》,合肥:安徽人民出版社2009年版,第131页。

③ 艾国正:《纪念艾伟先生》,载《心理学探新》,1990年第2期。

士学位。在华盛顿大学求学期间，艾伟于1923年开始着手开展汉字心理研究，开创中国学科心理实验先河。[1]

1925年，艾伟回国任国立东南大学（中央大学前身）的心理学教授，兼任上海大厦大学教授暨师范科主任。1926年开始，艾伟开始从事中学学科心理方面的研究，特别是语文学科的研究。同年，艾伟受聘为中华教育文化基金会教育心理学讲座教授，教授教育心理学、统计学等课程。1927年艾伟任国立中央大学教育系主任。1932年艾伟进入伦敦大学进修教育统计学，任该校统计学研究员。1933年回国，受聘为教育部首届部聘教授，任中央大学教育学院院长，后任师范学院院长、教育心理研究所主任。1934年，与夫人范冰心一起出钱在南京创办万青试验学校，其中包括幼稚园和小学。艾伟以智力测验选拔优秀儿童，由其夫人担当主任并亲自教授算术，国语则由中央大学教育系毕业的北平人秦湘苏负责。艾伟在这所学校中按照自己的教育理念因材施教，并进行心理实验研究。因学生进步十分迅速，成绩卓群，万青试验学校被誉为"天才小学"。对此，艾伟也认为"历时三年，颇有收获"，其"学科心理研究，颇多建树"。[2] 在这段时期，艾伟和其他心理学同仁一道创立中国测验学会，运用统计学理论测验教育心理，以求改进教育。

1937年抗日战争全面爆发，艾伟随中央大学迁重庆沙坪坝。

---

[1] 郭本禹主编：《中国心理学经典人物及其研究》，合肥：安徽人民出版社2009年版，第132页。

[2] 陈阳凤、周险峰：《艾伟学科心理实验述论》，载《心理科学》，2001年第3期。

1938 年因与时任教育部部长陈立夫要求发展学生加入国民党的意见不合，辞去中央大学师范学院院长职务，专任该校师范科研究部主任、研究院教育心理学部主任。同时，在中国首创教育心理研究所，亲任所长，招收教育心理学研究生，为研究生讲授教育心理学研究、学科心理学、高级统计学和心理与教育测验研究等课程。[①] 1939 年，湖北临时参议会在恩施成立，艾伟以学者身份先后当选为第一届、第二届参议员。其间对当时全省学校迁集地之恩施、建始、巴东三县的中小学生进行大规模的测验研究，提出发展和提高湖北教育的建议。1944 年，当时的湖北省主席曾亲自到中央大学动员艾伟回到湖北省出任湖北省教育厅厅长，艾伟未答应。抗日战争胜利后，艾伟在中央大学受排挤，研究所亦奉令停办。1946 年 7 月，艾伟代表教育部和教育学术团体联合会出席澳大利亚新教育国际会议，会议中他提出改造大学教育系课程，加重基础科目，同时研习生物、统计等科目，训练毕业生掌握自主研究的工具，以便改进教学。会后留澳大利亚讲学半年。此后艾伟写成《出席澳大利亚新教育国际会议记》一书。1947 年后，艾伟以教育部部聘教授身份，应邀在北京师范大学、中山大学等国内大学巡回演讲。1949 年 5 月，应香港罗富国师范学院之聘，任高级教授。1950 年去台湾，任国民政府考试委员。他积极倡导新法考试，对于考试制度的改革贡献颇大，并提出过一项时人称之为"艾伟计划"的建议。该计划建议"考试院"成立专门的委员会负责测验事宜，

---

① 郭本禹主编：《中国心理学经典人物及其研究》，合肥：安徽人民出版社 2009 年版，第 132 页。

并在高中普考中举行心理测验。1954年，艾伟应聘为台湾肥料五厂的顾问，从事工业心理学研究，并著有《人事与工业心理学》等著作。1955年9月27日突然脑溢血病逝于台湾新竹，终年64岁。[①]

艾伟长期致力于教育心理学的教学和研究，对中小学学科的测验研究范围，涉及各门科学；推行地域遍及京、沪、杭、华南、华中、华北及西南各省，每种测验人数常在万人以上。他的学术论文常在国外杂志上发表，并在国外学术界有一定影响。[②] 艾伟的主要著作有：《高级统计学》《初级统计学》《初级教育心理学》《师范科教育心理学》（上、下册）、《教育心理学》（上、下册）、《教育心理学论丛》《教育心理学大观》（上、中、下三册）、《出席澳洲新教育国际会议记》《小学儿童能力测量》《阅读心理·国学问题》《阅读心理·汉字问题》《中学国文教学心理学》《英语教学心理学》《人事与工业心理学》等。[③] 所编测验有：小学各年级各科测验，小学儿童能力测验，智力测验（文字的与非文字的两种），中学语文、算数、英语测验，以及其他各种测验。此外，中英文学术论文及研究报告甚多，散见于中外杂志或单行本中，例如《初中国文成绩之实验研究》《汉

---

① 郭本禹主编：《中国心理学经典人物及其研究》，合肥：安徽人民出版社2009年版，第140页。

② 湖北省地方志编纂委员会：《湖北省志人物志稿》（第一至四卷），北京：光明日报出版社，1989年版，第827—828页。

③ 艾国正：《纪念艾伟先生》，载《心理学探新》，1990年第2期。中国大百科全书（第三版）心理学编辑委员会著：《中国大百科全书·心理学》（第三版），北京：中国大百科全书出版社2021年版，第2页。

字之心理研究》《教学困难之原因及其补救之方法》等。[①] 中国科学院心理研究所前所长潘菽先生在给其侄艾国正的信中，这样评价艾伟道："险舟先生是一位专心致志于研究工作的学者，为人敦厚正直，对教育心理学作出不少贡献，也是一位教育家。"[②] 著名心理学家朱智贤教授认为，艾伟"是著名的心理学家，作了大量的研究工作。他在学科心理学方面有富有创造性的贡献，是我国心理学界理论联系实际、建立中国化的教育心理学的典范。他的《教育心理学》《统计学》《汉字问题》《国语问题》等书，至今仍是值得参考学习的权威性著作"。[③]

难能可贵的是，艾伟不是单纯为了研究而研究，而是将科研与教学相结合。同时，艾伟对学生的作业也丝毫不放松，要求学生按时按质按量完成课程作业，不得拖沓敷衍。[④] 据朱智贤回忆自己当时在中央大学求学的经历："我于 30 年代初在中央大学教育系学习，艾先生是当时最著名且最受学生欢迎的教授之一。我从他学习过两门课程：教育心理学和统计学。先生身材魁梧，讲话略带湖北口音。讲课内容丰富、新颖，条理清晰，极富逻辑性，且理论与实际并重。记得先生在讲教育心理学课的第一堂课时，就从一本小说中引了一段故事以说明刺激反应

---

① 徐世京：《心理学家传略》，上海：上海人民出版社，1986 年版，第 51 页。

② 艾国正：《纪念艾伟先生》，载《心理学探新》，1990 年第 2 期。

③ 朱智贤：《怀念艾险舟教授》，载《心理发展与教育》，1990 年第 4 期。

④ 郭本禹主编：《中国心理学经典人物及其研究》，合肥：安徽人民出版社，2009 年版，第 132 页。

的关系。先生对学生要求很严，他的统计学课是当时学生必须认真对待的课程之一。他严格要求学生按时完成统计作业练习。这些作业要交到当时他主持的中华教育文化基金会资助的'教育心理学讲座'办公室的一位助教那里，他经常在那里伏案工作。"[①] 虽然艾伟对学生学业要求严格，但在生活中却对学生爱护有加。朱智贤在谈到与艾伟先生的交往经历时曾回忆道："他在每一课程讲授完毕时，总要邀约学生到他的住处举行一次冷餐会，他和学生谈笑风生，当时情景，令人难忘。我在大学三年级时写了一本《教育研究法》，约 40 万字，他不但多鼓励，而且愿为之作序。1946 年，先生去国外开会，路过广州，我当时在中山大学教育系任教授，他特地来看我。我陪他到广州市看了市容（因为他不懂广东话，我略懂一点），在途中，他询问了中山大学的情况和我的教学研究情况。他每有新著，辄寄我一册，我现在还保留着他题赠的《教育心理大观》上、中、下三册。"[②] 而在朱智贤提到的例行冷餐会上，艾伟不仅与学生谈笑风生，餐后还会表演节目，其夫人和公子也参与接待。据称，其长子艾国炎擅长跳踢踏舞，甚为精彩，常常作为餐后助兴节目，令人拍案叫绝。[③] 艾伟的学生符仁方也回忆道，除了心理学课程，自己选读其他学科课程时，艾伟也表示同意，后来自己

---

① 朱智贤：《怀念艾险舟教授》，载《心理发展与教育》，1990 年第 4 期。

② 朱智贤：《怀念艾险舟教授》，载《心理发展与教育》，1990 年第 4 期。

③ 郭本禹主编：《中国心理学经典人物及其研究》，合肥：安徽人民出版社，2009 年版，第 136 页。

转入教育研究所时，艾伟也不表示反对。有一件事情更能体现艾伟为人仁厚，宽容待人的优秀品格。据艾国正的文章记载，"有一次，一位学生在听课时有所旁骛，艾伟发现后严词斥责。那位同学不服，饰辩了几句，艾老师作色说：'不好好听可以离开教室。'那位同学犹豫片刻后走出了教室，随后多次课都未到堂。为了打破僵局，同班同学向艾伟转达说该同学已经承认错误了，艾伟马上表示'既然已知错，就要他回来上课好了，当时我一时气愤言重了，也不应该！'那位同学闻言去拜访了艾伟。其后一切恢复正常，前嫌尽释"。①

二、艾伟所处的时代背景

晚清、民国时期是中国由旧式社会走向现代社会的一个重大转变时期。虽然早在明朝就有西方传教士来到中国，并促进了中西方文化的交流。但是直到清朝中叶之前，西方文明未能从根本上对中国社会组织构成挑战。等到鸦片战争爆发之后，庞大的古老帝国走向衰亡之时，清政府未能自主地顺应时代变化的要求，帝制最终为共和所取代。在此期间，晚清有识之士在面对这种"三千年未有之变局"（李鸿章语）时，纷纷著书立说，奔走呼号，提出向西方学习器物，学习技术，学习制度，试图挽救清王朝，可惜未能取得成功。"天朝上国"在一次次对外作战失利中土崩瓦解，清帝国衰亡的冲击不仅使得中国古代

---

① 郭本禹主编：《中国心理学经典人物及其研究》，合肥：安徽人民出版社，2009 年版，第 136 页。

社会组织架构趋于崩溃,"天朝上国"理念的瓦解也使得传统意识形态失去统治的舞台,人们在茫然无措的同时,也极大地解放了人们的思想。不过,帝制的消亡并未带来想象中的进步,这使得人们进一步反思造成文明落后的原因。后来,学者们将落后的原因归结为文化出现了问题。于是,"新文化运动"顺应潮流,走进了人们的视野。

同时,晚清、民国之际,不仅是中国旧式社会面临转型的时期,也是大量西方学术思想传入中国的时期,还是中国古代学术面临地位重构和研究范式转换的时期。以儒学为例,其学术传承从先秦至清凡几变。根据《四库提要·经部总叙》的说法:"其初专门授受,递禀师承,非惟诂训相传,莫敢同异,即篇章字句,亦恪守所闻,其学笃实谨严,及其弊也拘。王弼、王肃稍持异议,流风所扇,或信或疑,越孔、贾、啖、赵以及北宋孙复、刘敞等,各自论说,不相统摄,及其弊也杂。洛闽继起,道学大昌,摆落汉唐,独研义理,凡经师旧说,俱排斥以为不足信,其学务别是非,及其弊也悍(如王柏、吴澄攻驳经文,动辄删改之类)。学脉旁分,攀缘日众,驱除异己,务定一尊,自宋末以逮明初,其学见异不迁,及其弊也党(如《论语集注》误引包咸夏瑚商琏之说,张存中《四书通证》即阙此一条以讳其误。又如王柏删《国风》三十二篇,许谦疑之,吴师道反以为非之类)。主持太过,势有所偏,才辨聪明,激而横决,自明正德、嘉靖以后,其学各抒心得,及其弊也肆(如王守仁之末派皆以狂禅解经之类)。空谈臆断,考证必疏,于是博雅之儒引古义以抵其隙,国初诸家,其学徵实不诬,及其弊也琐（如一字音训动辨数百言之类）。"[①] 据此可知，儒家学问从先秦子学一变而成两汉经学，郑王异论而魏晋玄风出。宋儒理学起以扬义理，乾嘉学派兴而重考据。窥一斑而可知全豹，尽管古人总体未能脱离"尊经"的传统，但中国学术在乾嘉学派兴起后也逐渐体现出实事求是的科学精神。当西方学术大量进入中国学人视野并对传统文化造成冲击的同时，也激活了原本被掩藏的学术传统与精义。古人所谓"他山之石可以攻玉"，由此，中国学术进入一个新的阶段，传统中国学术在内生求变的同时，也全方位地受到西方学术的冲击，并在其影响下逐步明晰自己在现代视野中的位置。而救亡图存的风气与顾炎武式实事求是的考据精神共同影响了中国现代科学的发展趋向。

1915 年兴起的"新文化运动"提倡科学与民主，进一步推动了西方现代科学在中国的发展。例如，胡适的科学精神表面上是受到西方的影响，实则上承"乾嘉余绪"，外接"实用主义"，反对空洞理论说教，提倡"大胆假设，小心求证"的实证学风。这种"科学"精神提倡的是用系统的理论构建统摄所观察到的大量经验事实。所谓"假设"其实就是构建理论的过程。尽管孔子有所谓"吾道一以贯之"的说法，其"一以贯之"的具体理论体系却未见诸载籍，遑论求证之事了。以此观诸心理学，虽然中国古代典籍里蕴含有丰富的心理学思想，并且其内在的思想体系颇为完整，不过，其文字表述却颇为零散、不成系统，而且少实证研究。所以，至 20 世纪初之前，中国并未诞

---

① 张舜徽：《四库提要叙讲疏》，台北：台湾学生书局，2002 年版，第 1—5 页。

生现代科学意义上的心理学。跟其他学科一样，中国现代心理学属于"舶来品"，在引进之初即是西方科学视野下的产物。这意味着，在创立和早期发展的时候，"当时在西方流行的心理学主要流派在中国都有其'代言人'，从而促进了西方科学心理学在中国的传播，并最终促成了中国现代科学心理学的创立与早期发展"。[①] 这表明，中国的科学心理学在建立之初便是以实证为主要研究取向。而彼时对心理研究的重视程度，甚至有人提升到挽救国家命运的地步上。例如，孙中山曾说："民众的心理所向是国家兴亡成败的关键"，"一国之趋势，为万众之心理所造成"。[②] 与此同时，教育救国的口号也普及开来，如陶行知、黄炎培等纷纷兴办各类团体进行教育实验，试图为中国的现代化做出自己的努力。在此大背景下，艾伟的研究自有其独特价值。

三、艾伟的主要学术贡献

艾伟一生致力研究的领域主要是教育心理。作为礼仪之邦的中国向来重视教育，有着丰富的教育心理思想。例如，《学记》较系统、全面地总结和概括了先秦汉民族的教育经验，是中国古代也是世界上最早的一篇专门论述教育和教学问题的论著。同时，自孔子以降，教育大家层出不穷，关于教育心理学

---

① 汪凤炎：《中国心理学思想史》，上海：上海教育出版社，2008年版，第612页。

② 孙中山：《孙中山选集》，北京：人民出版社，1981年版，第169页。

思想的著述也颇为丰富。孔子的因材施教、有教无类的观点，自不待言。记载于《中庸》中的"博学之，审问之，慎思之，明辨之，笃行之"的名言，实际上表明了中国先贤对学习过程的经典看法，极为精彩。尽管自古以来中国就有丰富多彩的教育心理学思想，而具有现代学科意义的教育心理学直至近代才得以引进。可以说，现代科学重视理论归纳和系统观察的方法论，深刻影响了现代学科心理学的研究。艾伟在美国求学期间深受美国大学中实践活动与学校课堂相结合、学以致用学风的影响。他认为"理论上既分派别，实验上更求证明。如是则理论不至徒托空言，而实验更能加理论。理论与实验二者往复循环前进……因是而事实之发现者益多，其距离真理也益近"。[①] 概括说来，艾伟研究的主要特征在于"一切都以实验为前提和基础，一贯主张不能完全照搬'舶来品'，而应以研究中国国内问题为主体"。[②] 艾伟有关心理学的研究主要体现在四个领域，分别是汉字问题研究、国语问题研究、英语阅读心理研究和心理与教育测量。其中，国语问题研究集中体现在本书，故在此不展开论述，下面仅就其他三个主要领域择要而述。

（一）汉字问题研究

艾伟自 1923 年在华盛顿大学念书时就开始了对汉字研究的

---

① 艾伟：《小学教育测验说明书》，上海：商务印书馆，1948 年版，第 3 页。

② 汪凤炎：《中国心理学思想史》，上海：上海教育出版社，2008 年版，第 656 页。

生涯。具体言之，可分为以下几个方面[①]：

第一，汉字形音义相互关系的研究。艾伟在华盛顿大学进行研究时，先后设计三类实验，从三方面进行考察。一是字形观察能力；二是比较字形解释和同音解释两种方法；三是观察课堂学习汉字时的心理过程。由此他提出了识字的六种原则："1. 在教本之首五课至十课中，各字之笔画数须在一与十之间。2. 关于生字介绍，在可能范围内，应取偏旁相同者。3. 生字介绍后，应有再见之机会，其次数之分配，应使其均匀，或比较均匀。4. 介绍生字时，对于各字之字形，须加以极简单且极明了之解释。5. 字形相似或字音相同之字，须使学生特别注意，以免联念错误。6. 在始业时，或在第一学期中，应测验初学者之字形观察力。若在默写时，发现其误点，须使之练习纯熟，以免一误再误。"[②]

第二，字量、词汇的测量。最早进行常用字汇研究的是陈鹤琴，1931 年，艾伟指导周祖训分析初小国语字量。艾伟使用美国心理学家盖滋（Roger Gates）的指标，对当时最为常用的五本小学国语教科书的统计分析表明，当时小学课本教材生字率偏高，因而容易降低学生学习兴趣，容易养成不良的学习习惯。[③] 进而，艾伟设计出一套新的方案作为代替，获得较高

---

① 郭本禹主编：《中国心理学经典人物及其研究》，合肥：安徽人民出版社 2009 年版，第 141 页。

② 艾伟：《阅读心理·汉字研究》，上海：中华书局，1948 年版，第 27—28 页。

③ 艾伟：《阅读心理·汉字研究》，上海：中华书局，1948 年版，第 58—63 页。

评价。

第三，汉字排列问题。中国人进行书写以及书籍印刷采用竖排由来已久，当人们接触到欧美横排文字之后，意识到不同的文字排列方式会对个体的阅读速率等学习心理产生影响。早期，杜佐周、陈礼江和沈有乾做过此类研究，然其结论意见彼此相左。1928年和1929年，艾伟做了两次大规模的实验。其实验比较复杂，他比较了材料难度、早期教育背景、学历等因素，并综合其他有关的实验结果，得出结论：总体而言，横行排列在读法上优于直行排列。①

第四，汉字简化问题。最早提出汉字简化的并不是心理学家，而是王照、钱玄同等人奔走呼号，当时的文字改革方案或主张拉丁化，或主张用国语注音字母拼音，或主张简省现行汉字。艾伟是利用汉字心理研究成果肯定简化汉字必要性、并以实验为依据简化汉字的第一人。他经过研究，提出汉字简化的三个理由：首先，从已有的汉字心理研究成果出发认为简体字是必要的、可行的；其次，比较中外历史，文字的变化趋势总体上是由繁到简的；再次，汉字简化是为节省时间和费用经济起见。艾伟还引用相关研究，证明使用简体字可以免除一般小学生在学习上许多不必要的困难，并因此给出相应的建议。②

第五，其他汉字问题。艾伟还曾对汉字书法练习进展以及

---

① 艾伟：《阅读心理·汉字研究》，上海：中华书局，1948年版，第189—195页。

② 艾伟：《阅读心理·汉字研究》，上海：中华书局，1948年版，第148—154页。

汉字字形与书法难易关系，以及汉字学习的年级、性别因素进行了考察。他发现学生对字形的感知往往是先整体后部分。

综观关于汉字心理的研究，可知艾伟关于汉字心理的研究不是简单照搬西方的理论和结论，而是深入汉字的特殊构造和国人既有的使用习惯中去考察各种变量的影响。依照马文驹的看法，艾伟的汉字心理研究有以下几个特点①：其一，选题切合中国实际。艾伟的汉字心理研究，促进了汉字简化和横读的推行，这不仅提高了小学语文教学水平，而且促进了教育心理学研究的中国化，可谓是心理学研究中"中国化"的先驱。其二，取样众多，代表性广。马文驹举例道，1932 年在南京和杭州举行的"汉字测验"，被试达 3580 人，被试从高小五年级到高中三年级均有分布。这种严谨的取样方式保证了结论的可靠性与可推广性。其三，统计分析精密。艾伟曾对汉字测量量表中的汉字成绩进行分析，并统计每一年级中课本的生字数，准确应用描述统计量，列出图表，得出令人信服的结论。而今人往往眩目于复杂统计程序，以为使用复杂程序就能保证数据的可靠性，反而不及艾伟的做法可靠。其四，博采众长。艾伟充分肯定前人既有成果，并细致分析前人研究的来龙去脉，在此基础上提出自己的研究设计。所讨论的范围既包括陈鹤琴、张耀翔等当时著名的心理学家的研究，也包括年轻研究者诸如陈汉标、龚启昌等人的成果。另外，在简化汉字的研究中，艾伟提出的汉字简化六个原则中，其中"在可能范围内设法照顾到六书条

---

① 马文驹：《艾伟的汉字心理实验研究》，载《教育研究与实验》，1988 年第 3 期，第 53—56 页。

理或造字时之原意"一条可谓颇中要害。尽管从语用的角度来看，字无非是借以表达一定意涵的符号，约定俗成而已。但是简化字推行的目的在于减轻学习汉字的负担，而并不是要割裂文化传承。而今天的简化字有相当一部分是为了简化而简化，替换或改字有一定的随意性，这恐怕是当时推行简化汉字的艾伟始料不及的。

（二）英语阅读心理研究

艾伟对中学生英语阅读心理的研究，主要研究了其中两个方面。

第一，拼写错误。对于拼写错误，艾伟采用英文拼字测验量表对初中三个年级的学生和高中一年级的学生进行测试，得出以下结论：（1）形错指的是忽视读音而导致不重要的字母短少或错位；（2）音错的主要原因是读音问题，其次，字形也影响发音；（3）意错表现为字形相近，不熟悉二者意涵；（4）拼写与文法错误相关在 0.90 以上；（5）读音不准为通病，应引起注意，尤其是发音不规则的单词；（6）联想错误可以事先预防；（7）有时缺一字母而无大变化的单词，初学者不易察觉，教师应当注意；（8）英语中有外来字，教师应引起学生注意，免受英语习惯影响。[①]

第二，文法错误。所谓文法错误即现在所说的语法错误。艾伟认为，多数错误可以归结为汉语文法对英语学习的影响。

---

① 艾伟：《初中英语文法错误之心理》，载《江苏教育》，1934 年第11 期。郭本禹主编：《中国心理学经典人物及其研究》，合肥：安徽人民出版社 2009 年版，第 146 页。

就其所做的研究，他得出以下结论：（1）四答选一的测验方式，采用每错一题就扣去三分之一分有失公允；（2）在字词填句测验中，各年级进步显著；（3）所发现的错误有形误、声误、意误、译误、文法错误、词组搭配不熟练等。然后，他提出改进的方法。其一，课本中的基本语句应重复叙述，分配在课本各处；其二，在教法上应让学生多背诵基本语句，组成故事或演讲词（即复述出来）。他认为这样有助于学生尽快尽好地养成学英语的良好习惯。[①]

艾伟在研究之前，先调查了当时世界上著名的英语教学理论和教学方法，然后针对目前中学英语教学中实际情况，综合国内中学英语专家的看法，先用自己编制的量表对我国大批中学生进行测试，后来采用北美相应的阅读量表进行中美学生阅读能力比较研究。从结论上看，艾伟的研究十分具有应用价值，即便在今天仍具有借鉴意义。比如他在文法错误研究中提到的改进方法，如"课本中的基本语句应重复叙述，分配在课本各处"，与风靡全球的"新概念英语"教材中"关键句型和难点"的设置方式一致。而背诵基本语句，组成故事和演讲词复述出来这点，也早已成为学界共识。可以说，艾伟对中学生英语阅读心理的研究，是 20 世纪 30 年代的最有开创意义的研究之一。

（三）中国心理与教育测验

心理与教育测验是研究学科心理的主要工具。艾伟自从中央大学任教开始，一直致力于编制各年级各学科测验、能力测

[①] 艾伟：《初中英语文法错误之心理》，载《江苏教育》，1934 年第 11 期。

验及智力测验。中央大学教育心理研究所全体师生在艾伟的鼓励下都积极从事这种工作。艾伟编制的量表主要有："中学生文言白话理解力量表"（1935）、"汉字测验"（1940）等 8 种，"小学算术应用题测验"（1940）、"高中平面几何测验"（1947）等 9 种，"中学英语测验"（1943）、"大英语理解速度测验"（1936）等 4 种，"初中常识测验"（1940）等 9 种。[①] 1946 年出版的"中学学力测验"和"高中大学学力测验"在我国现代教育史上是巨大贡献。[②] 艾伟所编制的测验中，"默读能力测验"和"默读能力诊断测验"是专门考察和诊断儿童默读能力的。这两种测验在本书第五章和第六章中有具体阐述，兹不多述。

艾伟对于中国心理与教育测验的贡献体现在两个方面：一是，艾伟积极进行各种测验的编制，并做中学各科教育测验。上文中提到的量表，如"汉字测验"（1940 年）等，填补了中国在心理与教育测验上的空白，并为中小学学科教育的顺利开展起到重要的推动作用。而"默读能力测验"和"默读能力诊断测验"，不仅可以测量出中小学生阅读能力的现状，并能够诊断出能力的缺陷，艾伟的这一工作，标志着我国首次出现真正的默读诊断测验。[③] 二是他跟其他心理学同仁一道致力于测量事业的建设。1931 年 6 月，艾伟与同仁们在南京组建了"中国测验

---

① 张厚粲、余嘉元：《中国的心理测量发展史》，载《心理科学》，2012 年第 3 期。

② 郭本禹主编：《中国心理学经典人物及其研究》，合肥：安徽人民出版社 2009 年版，第 147 页。

③ 崔丽莹：《艾伟的阅读心理研究》，载《心理科学》，1999 年第 4 期。

学会",这是我国第一个教育测量与评价方面的学术组织。会上通过了《中国测验学会简章》,艾伟任研究部主任。该组织在1932 年创办会刊《测验》,不定期刊登会员的成果,介绍测量理论,有效地推动了心理测验的发展与应用。[①] 在 20 世纪 30 年代,这个组织事实上起着联系全国测验学者的作用。此外,艾伟主办的"万青实验学校",采用测验选拔考察学生,进步神速,效果显著,可谓将科学实验之真精神用到实处。

四、本书的主要观点及其学术地位

《阅读心理·国语问题》作为"中国教育心理研究所丛书"之一,于 1948 年(民国 37 年)由中华书局出版,1955 年、1965 年又由中国台湾"国立"编译馆分别重印。本书是《阅读心理·汉字研究》一书的姊妹篇。综观《阅读心理·国语问题》一书,对于国语教学中阅读心理的研究,艾伟的重心始终放在儿童阅读能力的培养之上。他注重用科学的方法研究问题,提出有效的解决措施。对于具体的研究领域,艾伟按照规范的程序开展研究,然后按照"问题提出、中外研究概述、研究结果呈现和讨论等"撰写成文,条理清晰、语言明白畅快,笃实有致。尤为可贵的是,他对西方的方法不是生搬硬套,而是以汉语特殊性为基点,探索汉语中的阅读心理。以国语教学中文白存废问题为例,文学界中激进的改良派提出打倒文言文的口号,

---

① 张厚粲、余嘉元:《中国的心理测量发展史》,载《心理科学》,2012 年第 3 期。

与此针锋相对的是国粹派大力鼓吹文言文。二者的争论在语文教学中的体现即是，是否要在中小学教育学中废除文言文的教学。双方在这些辩论中固然各有经验依据，但更多是价值观念上的争锋。针对"一般文学家的主观意见"，艾伟说："吾人须知国语在小学教学，国文在中学教学，实仅为一种主张，并无科学根据。"而那些凭经验推测的理由，有的本不成为问题，有的是"科学的教育家应研究之问题"。[①] 如果说在文学领域文体的变更跟价值观念挂钩更为明显，其辩论主要以价值判断作为主要判断形式，那么在具体的语文教学领域，教学的目的则在于培养学生的语文能力。这意味着判断教学中有关材料选取、教学方法好坏的依据，不应基于价值判断而应基于事实判断。基于他一贯秉承的实证思路，艾伟主张用事实判断语文教学中文言文的存废问题。他首先从小学生的基本现状出发，认为文言文的学习不像一些文学界人士认为的那样难学，并举出了"文白话"的现象。[②] 其次，他避开文白问题之争，认为所谓白话文言的区别并不如想象中的那样显明。[③] 他指出，就他本人对初小四年级国语课本中的单词和辞句的分析结果来看，经专家判定其中绝大多数属于文白两用，并非纯粹白话。由此，从语言使用和能力培养的角度出发，他主张小学高级实行文言教学。

---

① 艾伟：《阅读心理·国语问题》，上海：中华书局 1948 年版，第 12 页。

② 艾伟：《阅读心理·国语问题》，上海：中华书局 1948 年版，第 12 页。

③ 艾伟：《阅读心理·国语问题》，上海：中华书局 1948 年版，第 113 页。

通过对国文理解力所作的若干实验，艾伟认为文言白话两种文体都有学习的必要，不可偏废。为此他提出了关于初高中教材中文白比例的建议，并于1929年、1930年为教育部在制订中学课程标准时所采纳。[①] 文白问题如此重要，乃至于艾伟在本书第二章第十一节的自注中提到，拟出《阅读心理》卷之三·文白问题探讨之。[②] 惜其未成也。由此可见所谓科学研究中的实事求是精神，即在于此。

艾伟在《阅读心理·国语问题》一书中论述了十个方面的研究内容。

第一，关于论教育科学化的意义。艾伟认为学科心理研究的目的在于求教育的科学化。他所言的教育科学化有三层含义：其一，实事求是。即在行政和教育中必须尽力而为，"尽一分力量，必收一分效果"。（《自序》）其二，教育的科学化同时也是教育的经济化。艾伟认为教育事业举办必须力求经济，须使儿童耗费最少的时间获得最大的成效。其三，教育科学化必须用科学的方法解决教学问题，而教学问题的关键在于从儿童国语阅读心理为出发点进行施教，亦即教育须以心理学为根基。

第二，关于国语阅读心理研究之重要。在本书中，艾伟阐述了阅读心理研究的重要性、必要性，回顾了既往的实验研究。首先，艾伟简要论述了语言学家对于国语的定义，他肯定了黎

---

① 陈阳凤、周险峰：《艾伟学科心理实验述论》，载《心理科学》，2001年第3期。

② 艾伟：《阅读心理·国语问题》，上海：中华书局1948年版，第23页。

锦熙对于国语、白话和大众语的看法，并以此为基础，将自己的研究对象定位在研究儿童和普通民众的阅读心理上。其次，论及国语教学之目标。艾伟认为教学目标的设定必须具体而且能够用客观的方法测量。最后，他回顾了以往实验的研究范围。其中包括朗读与阅读的比较研究、默读练习、默读能力测量和诊断、辞句学习研究等八项内容。

第三，关于儿童阅读兴趣的研究。艾伟认为对于兴趣的研究目的在于"求真正明了儿童阅读兴趣之内容，以便据而编选教材，指导学习，俾无悖于儿童心理而能获取教育上最大之效果，因今日国内似尚少此种研究结果发表，足资教育界应用也"。[①] 艾伟从实验中得出儿童所感兴趣的主题与形式，认为对于课本的编纂、教学形式的组织都有指导意义。在研究中，艾伟兼论高小各年级文言教学的必要性。通过两组实验的论述，他认为国内外关于儿童阅读兴趣的大概趋势是一致的，从中可以获得有关国语教学改革的科学根据。

第四，关于朗读与默读的比较。艾伟论述了不同朗读方式的作用和效用范围，特别指出默读的重要性，认为默读是国语教学中应该重点培养默读能力。经过比较发现，默读速率大于朗读，但有年级差异，五年级之后表现出进步之趋势。理解方面，六下的默读成绩出现好的一面。由此他得出结论，当时默读教学被忽视。他进而建议教学工作者重视默读教学，因其

---

① 艾伟：《阅读心理·国语问题》，上海：中华书局1948年版，第7页。

"为一种极经济的学习法，在实用上有其特殊价值"。① 而对于朗读他则认为要区分不同题材的口气和声调，而不应一味大声齐读。

第五，关于默读练习的进展。经过比较发现默读的重大价值之后，艾伟意在检验默读能力经过有意的练习后能否有进步。他根据国外一般研究结果得出了两个要点：其一，阅读的速率和理解能力均可通过训练而进步，教育程度影响的是个体进步程度；其二，进步程度与训练时间和方式有关，但总体而言训练即会进步。而通过对中小学默读理解与速率练习的比较，艾伟发现，默读能力在理解和速率两方面均可通过有意练习而取得显著进步，这与国外研究结论一致。而男女差异方面，女生仅在理解进步练习上略占优势，其他并不明显。此外，智力、默读速率等也影响默读的理解力。

第六，关于默读能力的测量。默读能力重要性既明，练习的进步可证实默读能力能够通过训练可得。艾伟论述了编造"小学国语默读测验"的过程，这个测验专用来测量儿童的默读能力。此测验共有十类，分为低中高三组。其测验范围为二上起到六下止。测验材料由"儿童通讯材料""国语读本"以及教育部颁行的"小学初级分级暂用字汇"构成。照顾到不同年龄段儿童的特点，不同的组别采用的实验程序略有差别。

第七，默读能力的诊断。艾伟较看重诊断测验，认为诊断测验有两大功用：一是探求病源，对症下药；二是未雨绸缪，

---

① 艾伟：《阅读心理·国语问题》，上海：中华书局 1948 年版，第 51 页。

防微杜渐。并提出了默读能力的四种子能力，分别是：迅速浏览撮取大意的能力、精心详读记取细节的能力、综览全章挈取纲领之能力和玩味原文推取含义的能力。由此，艾伟编制了一套默读诊断测验，从实测的结果看符合诊断测验要求的预期。艾伟认为，一旦诊断测验诊断出对应的默读缺陷，当及时加以补救。

第八，关于辞句的学习心理。首先，艾伟概括了辞句的特点，认为辞句具有创造性、稳定性和变动性。在语文上的功用，辞句能使语言流利，使语文简明，表达丰富含义和增加美感等。进而他选择了五部最通用的小学国语教科书，加以科学的分析，发现当时的教材中四字句最多。艾伟将辞句进行分类，把四言辞句分为平衡句、前重句、后重句、蛇头句、流星句、变头句和双尾句等共七种句式。他由此探讨辞句学习的重要原则，并编制"小学国语四言辞句测验"。此测验有四种功用：一、考察儿童国语能力；二、为教材编制作参考；三、鼓励儿童扩充常用辞句；四、促进儿童养成精读课文的习惯。

第九，关于基本句式的分析。艾伟首先肯定了句式分析的重要性，认为中国传统教学秘诀鼓励学生"熟能生巧"，苦用工夫，养成新习惯。而分析句式的使用频率以及句式学习的难易程度，针对各年级儿童心理发展上的不同特点，可以有的放矢，因此而指导学生多读多记，可以避免时间和精力上的浪费。艾伟采用已经编制好的"国语语顺测验"作为分析材料，将分析归类结果分为四种类型，分别是第一型（主词动词及受词的联合）、第二型（主词动词及副词的联合）、第三型（主词与形容词及副词的联合）和第四型（复杂语句）。艾伟对教材中所包含中的基本句式频次进行了统计。

第十，关于作文错误的分析。艾伟对学生作文错误进行了分析，罗列出名词、代名词、形容词、动词、副词、前置词、联结词、助词、语句结构、篇章结构、错字、别字、脱赘字等十三类错误，归并为三大类，第一类错误多是思考和逻辑方面的错误；第二类错误则是注意力分散或知识量增长后导致的错误；第三类错误是规则或技术使用不熟练的结果。

最后，艾伟对以上的研究内容进行了总结。他撮述前面的研究结论，给出相应的国语教学上的建议。同时，艾伟列举出国语阅读心理研究中亟待解决的两个问题：（1）辞句问题。他认为本书第七章所进行的尝试仅仅是第一步，尚未彻底解决。（2）基本句式问题。他重新回顾之前的研究，认为国语教科书中的材料虽然足以表明阅读心理中句式学习的一般现象，但以后进行研究时有必要着重放在年级儿童造句及作文的分析上，这样更能说明问题。

艾伟在小学国语阅读心理领域所做的上述原创性具有多方面的意义：从小学国语教学的角度看，为当时小学国语教学中存在的诸多争议——如文白争议——提供了科学的解决方案，提高了国语教学的科学水平。从教育心理学研究的视角看，这是中国心理学家首次运用科学心理学的方法研究小学国语阅读心理的一次有益尝试，更是在汲取西方教育心理学精义的基础上，向教育心理学中国化方向迈进的一种有益尝试。在当时多数人还只忙于从西方心理学"拿来"的背景下，艾伟就能如此早地自觉开展教育心理学的本土化研究，这种"敢为人先"的勇气、强烈的文化自觉意识和扎实的理论功底与实验能力，均为后来者树立了典范。更重要的是，艾伟不但成功开辟了一条从中国文化视角研究阅读心理的新方向和新领域，还以其在小学国语阅读心理方面所取得的丰硕成果告诉后人，这种新研究方向无疑是正确的方向。这为中国心理学走向中国化的道路打下了坚实的基础。

目　录

自　序

　　教育必须科学化。所谓教育之科学化者，谓教育问题之解决必须应用科学之方法也。教育问题中需要科学方法以解决者，以小学教育为最；而小学教育问题中需要科学方法以解决者，以国语问题为最。国语教学问题之探讨关乎教与学两方面。教者，教师之教授法也；学者，儿童之学习心理也；在国语之学习，则为儿童之阅读心理也。故教者施教之方，必须根据客观的事实，从儿童国语阅读之心理上寻求原则以定施教之方也。此目的如能达到，则国语之教学合乎心理矣，亦即小学教育之进而从事科学化也。

　　著者对于小学国语问题阅读心理之探讨，20 余年于兹矣。其目的在求教育之科学化。教育科学化之含义，卑之无甚高论，即实事求是之谓也。从事教育事业者无论在行政上或教学上必须实事求是，则尽一分力量，必收一分效果；否则费尽心力而成效不睹，恶用此隔靴搔痒之教育事业为？故教育事业之举办必须力求经济。在国语阅读方面务使儿童耗费最少之时间，获得大量之成果。此教育之必须科学化，盖教育之科学化同时亦即教育之经济化也。此点之做到在吾国现时尤为重要，盖正值财政困难经费拮据之候也。

吾国现时财政既甚困难，而对国际上所属望之基本教育又不得不力求发展，加速进行；似此，非根据经济原则以图事半功倍不可。一文钱不可滥用，一分钟不可虚耗，此教育科学化之有其价值也。然则国语阅读岂可不根据心理原则或应用心理方法以研究乎？

小学国语之如何教，在师范学校或大学之教育系中固有所谓教学法矣；然试批阅其内容半主观而半客观。主观教材取之于教学经验而客观教材则借之于阅读心理。教学经验苟非片面的或偏见的尚可采取以用作一部分教材而不能认为其全豹。因教学经验纵即丰富，而许多问题之探讨，则每出乎此范围之外：如朗读与默读在理解与速度两方面之效率比较是。在教学法之课本中加述阅读心理之实验结果固可补此缺陷，然心理实验室譬如工厂。工厂出品，朝成夕售，时间迅速，货物新颖。且阅读心理之实验既由心理学家设计，进行以至于获得结果；其前后进程以及困难所在，心理学家自较了解。其于介绍材料之时自由伸缩之余地。故教育不科学化则已，如其科学化之，则教学法课程必渐缩小范围，而阅读心理之课程必将扩而充之。此事实在吾国业已发生，四年前青木关师范学校课程修订会议中所争辩之问题而获得满意之解决者即其例也。

虽然，教育之科学化匪易言也。不但全部教育之科学化需要充分时间大量金钱以及教育科学研究之甚多科学人才；即以小学教育之一部分，如国语教学而论，亦费时费事，匪一蹴而几。著者之作，其篇幅不过 11 万言，乃费时 20 年，襄助者先后 30 人，皆大学毕业而对于教育及心理之研究实验颇有经验者。故教育不欲科学化则已，如其欲之，非从训练人才入手不为功。此著者数年前之所以有于各师范学院中设置教育心理系之建议也。

余书既成，然其成也非余一人之力，前已言之。其襄助余为时甚久而尽力较多者如范仲德、汝若愚、闵燦西、卢濬、杨清、张述祖、黄坚厚、刘培成诸君，余不能不就此对之表示谢忱。使余尤念念而不能忘却者厥为 20 年来参加一二种乃至多种实验或测验之小学各级儿童三万人及初中儿童数百人。微诸君之力，余亦不能有所成就，是则教育之科学化工作，非急起直追，将噬脐何及，余因此而有所感焉。是为序。

艾　伟

中国教育心理研究所

南京傅厚冈九之二号

民纪三十七年（1948）三月下旬

3

第一章　国语阅读心理研究之重要

第一节　国语与大众语

就教育观点上言之，"国语"一名词用在小学，而"大众语"一名词则用在民众学校。此两名词有无异同似须加以探讨。黎锦熙氏曰："'大众语'这个名词，恕我浅陋得很，简直不知道它和'国语'或'白话'有什么异同！但是话也没有这么简单，仅就字面解释，它和'国语''白话'的确是不一样：国语是对外国语说的，白话是对文言说的，大众语是对小众语来说的——限于某一阶级……或某一地方……的语言只好成为小众语了，但大众语也得限于某一时代……并且限于某一国家或某一民族……那么，一国全民族大多数的人同时彼此都能听得懂说的出的语言就叫作大众语。大众语的定义果然是这样，那我仍旧不知道它和国语或白话有什么异同了！"

1

　　此系黎氏对于"大众语"之第一定义。其第二定义为："'大众语'是各样各色的方言。"其第三定义则谓："'大众语'是交通发达往来密切自然混合的南腔北调的普通话。"综合言之，黎氏则谓"大众语者是一种有建设性而不具阶级性的标准方言，与其他异于标准的各种'母语'方言并行不悖；随时代而演进，依交通而扩大，应文化而充实，藉文艺而优美：这都是自然而然的。我们从教育的意义上建设大众语，就是把落后的大众和前进的大众所有意识间的冲突的矛盾，统一起来，使这种标准方言成为一国全民族大多数的人同时彼此都能听得懂说得出的普通话"。黎氏又曰："大众语的定义果然是这样了，那我终于不知道它和'国语'或'白话'有什么异同了！本来它们是'同实而异名'的！"

　　黎氏之定义作者对之甚为赞同。在小学所习虽为"国语"或"白话"，实即"大众语"。转而言之，在民众学校所习虽为"大众语"，实即"国语"或"白话"也。儿童阅读材料与民众阅读材料①因年龄之差异，其心理上可许不同，然其范围均属于基本教育，此吾人无可否认者。此书之作亦以研究儿童及民众阅读心理为对象，为教育之最基本者。苟有所发现，或有助于一般初学者乎？

---

　　①　黎氏称之为"大众语文"。——作者注

第二节　国语教学之目标

在小学关于国语之教学目标经部颁者有下列五条：

一、教导儿童熟练国语，使其发言正确，说话流畅。

二、教导儿童认识通常应用的文字，使能应用于日常生活，并养成其阅读的能力和兴趣。

三、教导儿童运用文字，养成其理解的能力和发表情意的能力。

四、教导儿童习写文字，养成其整齐清洁迅速确实的习性和审美的观念。

五、培养儿童修己善群，爱护国家民族的意识和情绪。

观以上五条，觉所谓国语教学目标毋乃过于抽象，使人不可捉摸。所谓熟练国语，发言正确，说话流畅，所谓养成阅读的能力与兴趣，乃所谓发表情意的能力等，无一不含混其辞，使人无法决定或者为达到其目标，或者未也。故目标不定则已，定则必须具体，且必须有客观的方法以量之，使一般教师能自察其效率之高低而无可逃避。虽然，此非易言也。即在美国经多数心理专家之研究，穷三十余年之力，对此问题迄今始获得百分之九十之解决。至在吾国对于基本教育问题，即尚未能重视心理学之研究，而吾国文字问题又极复杂，整理之殊感困难。故欲作心理学之研究，岂短时间内所能蒇事？二十年来著者对于此种研究深知其重要，颇愿致力于此，以冀解决国语教学上种种困难问题，然此中问题既极复杂，而所耗时间尚嫌短促，故于实验之后，虽获有相当结果，亦不过此工作之发轫耳。

第三节　国语实验之范围

第一，吾人所致力者为儿童阅读兴趣之研究，此点虽为教学目标之一或其一部分，然如何教法始能达此目标，非易言也。夫心理学者既重视客观之事实，则吾人应设备种种刺激，以引起儿童之阅读反应。文字上有生动者，有不生动者，有谈话式者，有非谈话式者等等；文式上有描写者，有叙述者，有描写而兼叙述者，亦有叙述而兼描写者；内容上有着重儿童生活者，有用鸟言兽语者，有用说明方式者，种种色色不一而足。故所谓阅读兴趣之养成，若专凭课本之编辑者，或授课之教师各人之主观见解，此种教学目标从何可以达到？

第二，为朗读与默读之比较研究。此问题国外心理学者颇多研究，且曾于实验中获得可靠之结果，故在国内大学一般讲授教学法者，多以此为根据，至阅读国语时，其情形是否相同，尚无大规模之研究，有之则自著者指导之实验始。

第三，默读练习之进展。在理论上默读效率固较朗读者为高，而在事实上默读之用处亦大。故儿童对于默读从相当年纪起自应从事练习。此种练习之功效如何？吾人不可不从实验中察知也。

第四，默读能力之测量。默读能力既甚重要，自应培养使诸生随年级而有相当进展。就一般教学情形言之，各级学生每一学期能进至何程度？彼此之间相差若干？此不可不用客观方法以测量之也。用客观测量法获得可靠之数字，不但可供行政人员之参考，且可推究其进展迟速之理由也。

第五，默读能力之诊断。默读能力匪一端也，有迅速浏览撮取大意之能力，此即普通所谓略读能力，盖读物中有仅需浏览一遍得其大意而无须逐字逐句细加咀嚼者，如阅读报纸小说等是也，此其一。有精心详读记取细节之能力，此即普通所谓精读之能力，盖读物中有细心阅读一字不漏始能了解其全篇者，如理化算术等课本是，此其二。有综览全章挈取纲领之能力，此即所谓提纲挈领之阅读，盖读物中有反复陈述错综复杂，必须读者自寻其系统而得其纲要者，如历史社会等科是，此其三。有玩味原文推取含意之能力，此似为一种理解能力，盖读物中叙述含蓄，非读者细心推敲不能了解其言外之意者，如寓言、诗赋等是，此其四。

此四种能力在小学中，吾人均须培植，视所用课本之性质而定。小学生等对此四种，何者已经养成，何者尚须培植，吾人必须加以诊断始能了然，此阅读能力之诊断之所以必需也。

第六，辞句学习之研究。在小学教授缀文以前，必须令诸生造句，盖句为一单位，为比较基本者。其实在造句以前，必须学习单字，单词，以及词句；单字单词以及词句，固从句中或文中学习之，然当此与文或与句分离之时，是否亦能了解，诚一问题，必须察知。在词句之属于成语者，更应于教课之时，特别提出，以引起诸生之注意。此种基本工作于国语学习上异常重要，吾人须探讨之以作前进之根据。

第七，国语句式之分析。一部小学国语读本包括相当课数或单元数，每一单元分成数篇或每一课成一篇，其每篇之中无非由若干句构成，此种句式不必相同，然重复者必多。假使吾人对此加以分析，以视其可分为若干类，何种句式重复者多？又儿童在初年级能构成何种句式？至高年级何种句式始可构成？凡此一切吾人若加以心理学之整理，则问题有难易，学习有先后，吾人不难察出也。

第八，儿童作文之测量。在小学儿童由用词造句，可以进而作文，作文在各级应有难度，在同级应有优劣，此种进度之迟速，优劣之分别，吾人应采取客观方法以测量之，此心理学家所有事，非一般教师凭其主观意见所能评定也。作文测量方法至多，吾人现尚无暇一一尝试，然按错计分，年级愈高则错误愈少，此亦求进度之一法，吾人对此既有相当研究，自有介绍之必要。

就以上八端而言，吾人在近十五年来，对于国语阅读之心理研究，其范围虽不甚广而实已包括各生学习习惯上之重要各点，从用词起以至于作文，吾人随时可观察其进度。在阅读方面吾人可察知各生朗读与默读之比较效率，并为促进默读起见，吾人可使之练习以求加速之进展；不特此也，吾人尚须察知各生之各种阅读能力，如略读、精读、理解等能力是否悉已养成；同时吾人对诸生可察其阅读兴趣之所在，以作改编课本之张本：此皆基本教育上最重要之问题也。此种重要问题虽未能全部解决，然如能解决其一部分，则将来改订国语教学目标必能较为具体，而不致如今之笼统含混；同时，对于大众语文之了解或亦有所裨益乎？是著者之所企望也①。

主要参考书：

《教育部部颁小学课程标准》，正中书局民国三十年（1941）11月版。

黎锦熙：《国语运动史纲》，商务印书馆三十四年（1945）版。

---

①　本书编成，适接获教育部改订之"小学课程标准"一册［指1948年《小学国语第二次修订课程标准》，特约编辑注］。披而阅之，在国语之目标上已由五条减为四条如下：一、指导儿童熟练标准语，使他们发音正确，语调和谐且流利；二、指导儿童认识基本文字，欣赏儿童文学，培养他们阅读的态度、兴趣、习惯以及理解迅速的能力；三、指导儿童运用语言文字，培养他们发表情意的能力；四、指导儿童习写文字，养成他们书写正确、迅速、整洁的习惯。在纲要上似已"删繁就简，力求合于儿童程度，并使之较为抽象，富弹性；教学要点均经加详"。此编者之语也。至吾人所研讨之问题编者似未顾到，或尚未有所知，或无处可以参考。本书出版之后，或能引起小学教育当局之注意；若然则下次修订"小学课程标准"之时，或有所借镜。惟吾人所希望者，在唤起同志从事研究；俟获有充分之结果后，始能采用而有效也。——作者注

第二章　儿童阅读兴趣之研究

第一节　儿童心理与阅读兴趣

儿童兴趣可就各方面言之，如游戏，阅读，看电影，听广播等，皆当分别加以研究，发见其兴趣之真实内容（儿童有时受时向"Fad 或 Fashion"及其他因素之影响而不能表现其真正兴趣）与心理发展演变之关系。

就教育上言，阅读兴趣乃其广泛而重要之一种。吾人先就此加以研究，以所得结果与国外研究所得比较观察，知各个人读物分量，尤其是读物内容如何，匪但决于各个人之年龄性别，且决于有关之整个社会文化（一切兴趣皆如此），其事甚为显然。

吾人观察男女儿童各时期游戏活动，即可迹其游戏与兴趣逐渐转变之途径。而阅读兴趣亦与之相似，惟游戏活动所表现仅为一时之爱好，而阅读兴趣所表现者则不止此，且预示其将来行为之趋势与心理上之意愿。在国外研究中，身体病弱之儿童，常喜读描写足球健将之故事，藉以获得某种技艺与名望之满足，盖其在实生活中决无法获得此种满足也。又自觉在事实上无法获得成功之人，则于描写成功之故事感觉一种似是而非之激动而愉快。贫苦而貌丑之女孩，实生活上缺乏异性爱情之安慰，则好于描写浪漫生活之读物上得到快乐。由是可见读物之选择，不但显示各个人大部分兴趣之趋势，而且表示此等兴趣之某些种在其实生活中最感缺乏，及其不能于事实上求得满足之一般情形。

更普遍言之，儿童所喜欢虚构故事中之人物及情节，乃表示其喜作何事及将成为何种人物。故小说中之英雄与烈女，为各个不同年龄之读者所欣赏者，此种即具有显明之意义。儿童时期，最赞美气力，技巧，勇敢与自制，由是而产生对于冒难犯险之英雄豪杰，一旦功遂名成之景慕。青年期中，则渐于其儿时所赞美之特质上，加入浪漫之成分，因之慷慨大量而勇敢之士，最能获得少女欢心，少女之标致而贞烈者，亦能博取高雅友人之尊敬。似此心理现象，吾人均应有明确认识。

以上所述，乃儿童心理状态对于阅读兴趣之影响。然就另一方面观之，读物亦能刺激兴趣，诱导兴趣，造成兴趣。譬如都市儿童犯罪者较乡村儿童为多，此即为阅读报纸上不良新闻所致。又如美国儿童最喜欢扮演印度人或牧童，即因多读此类小说之结果。此外，如儿童时代阅读某种优美文学书籍，深受影响，迨入大学则决意专攻文学，此类例证，多至不可胜举。至其他社会因素，自然环境对于兴趣之影响，亦极显著，此处不多赘及。

吾人研究之主要目的，在求真正明了儿童阅读兴趣之内容，以便据而编选教材，指导学习，俾无悖于儿童心理而能获取教育上最大之效果，而今日国内似尚少此种研究结果发表，足资教育界应用也。

第二节 国外研究借鉴

儿童阅读兴趣之研究，国外曾不乏人，其所得结果虽与吾人所获多数相同，然其所用方法，则颇异趣。夫方法异而结果同，此在研究中最为可靠，兹试作简略介绍，以供参考。

哥伦比亚大学盖滋教授（Prof. A. I. Gates）曾就邓氏（F. W. Dum）读物特质单加以研究。结果，将原有之十九种稍加修正，减为十四种，每种附以相当解释，此外选取合于初小一二三年级之读物三十篇，请于儿童文学富有经验而在哥大研究院之研究员十人评判之。其法为先将读物三十篇全数阅完，然后取十四特质中之一，如"惊异"（Surprise），而对各篇定一分数，最高为九分，最低为一分，三十篇中最少有一最高者，一最低者。其他篇中有认为相等者，当可给予同样分数。此三十篇读物亦曾就一万五千之初小一、二、三年级生测验其兴趣，就此两种结果而求相关，同时求出其等第，并与邓氏结果相比较，得下列一表：

表 2.1　读物特质与儿童兴趣之相关

		盖滋系数	结果等第	邓氏系数	结果等第
生动	（Liveliness）	0.59	1	0.48	5
叙述式	（Narrativeness）	0.56	2	0.56	3

续表

		盖滋系数	结果等第	邓氏系数	结果等第
谈话式	（Conversation）	0.52	3	0.49	4
情节	（Plot）	0.51	4	0.58	2
动物	（Animalness）	0.46	5	0.40	6
幽默	（Humor）	0.34	6.5	0.07	12
惊异	（Surprise）	0.34	6.5	0.62	1
新奇	（Fancy）	0.31	8	0.39	7.5
重复	（Repetition）	0.28	9	0.32	9
熟悉	（Familiarity）	−0.09	10	0.02	13
道德	（Moralness）	−0.16	11	0.39	7.5
散文	（Verse Form）	−0.23	12	0.11	11
诗	（Poetic Character）	−0.24	13	0.20	10
现实	（Realism）	−0.29	14	0.33	14

盖滋对此结果认为满意，就此两种结果相比较，虽有小异之处而大体相同，其不同者或因邓氏研究远在一九二一年，当时观念或有不同耳。大致儿童最感兴趣者有下列六种：

1. "惊异"（事先未料到之事变结局等）

2. "生动"（活动，运动，总有事在作。Action，movement，Having "Something doing."）

3. "动物"（动物动作或讲到动物之特性及经验）

4. "谈话"（文中之对话）

5. "幽默"（儿童认为可笑者）

6. "情节"（曲折多变）

在读物特质中，儿童对之不感兴趣者，为"道德"与成人所谓之"幽默"两种。儿童并非不认识或不了解"幽默",但必就儿童心理中探讨之,不能以成人观点为之替代。儿童对于道德教训,似因其不易了解,故而索然寡味。

此外,两研究尚有意见相同之处,即文章之形式在儿童兴趣中并不成为一重要条件,无论为文(韵文或散文)为诗,儿童对之并不发生兴趣上之变化。

盖滋又就小学中学大学各级学生阅读兴趣,作一比较研究,结果见表2.2。其中之表示极为明显,在A(即熟悉的并表示情感的家庭经验),其百分数随年龄而渐增。在E(知识灌输),在百分数随年龄而渐减。似对于家庭生活年愈长而情感愈浓,而对于知识灌输则年愈长而兴趣愈减。在B(进取精神)与C(幽默),其百分数随年龄而略见增加。在D(新奇),甚少变动。而在F(英雄与服务),则又略见减少。

表2.2 各级学生选择各类读物之百分数

	读物特质分数					
	A	B	C	D	E	F
小学一二年级(202人)	0.27	0.49	0.54	0.61	0.52	0.55
小学五六年级(210人)	0.48	0.53	0.55	0.62	0.30	0.51
中学二三年级(185人)	0.60	0.59	0.58	0.64	0.09	0.46
大学三年级(150人)	0.59	0.60	0.62	0.58	0.14	0.44

A——熟悉的并表示情感的家庭经验　B——进取精神　C——幽默
D——新奇　E——知识经验　F——英雄与服务

儿童阅读兴趣虽随读物特质而不同,然读物之深浅程度似亦有相当影响,尤伯氏(M. B. Huber)对此曾有研究。渠认为读物特质与读物在儿童文学上之优美程度及其对儿童之难易程度，三者关系极为复杂。渠以难易不相等或特质不相同之读物，试验智慧不相同之学生，结果以为鲁钝者对于读物浅深较中等或聪颖者虽易于感觉，又对于文字优美性虽难于感觉，但无论智愚中等似均受读物特质，优美度及难度之影响。

盖滋与尤伯二氏曾就此三者而求其相互间之关系，结果得表 2.3。此中数目 1 代表读物特质（即分六类者）由儿童选取者，数目 2 代表读物在儿童文学上之优美程度，数目 3 则代表读物之难易程度。在各年级相关中盖滋与尤伯二氏之结果虽不尽同，然其多数或多倍相关①（Multiple Correlation）则一为0.63，一为 0.64，几乎相等。此多数相关即代表美难二度合并而与特质之相关。在盖滋研究中设难度除外，则美度与特质之相关为 0.58；设美度除外，则难度与特质之相关为 0.50，此种结果所表示者固异常明显。

表 2.3　各篇读物之美度难度及特质之相关

	盖滋结果	尤伯结果
γ12	0.45	0.59
γ13	0.28	0.22
γ24	0.32	0.04
R1.23	0.63	0.64
γ12.3	0.58	
γ13.2	0.50	

---

① 原文为"多倍相关"，今译"多元相关"。下同。——特编者注

第三节　材料搜集与实验进行

当吾人举行实验之先，其所搜集之材料除多数为语体外，尚间有文言。其所以于高小二级之内加授少许文言者，乃为著者在自办小学中之一种尝试。此种尝试之经过及其根据容略述之于下。

著者从事文白之学习心理研究，迄已二十余年，其间根据实验结果，对于文白教学，凡三易其意见。第一次在民国十八年，当时主张文白教学，应有相当比率：如在初中一年级为三与七，初中二年级为四与六，而初中三年级则为五与五。此意见曾为教育部所采用，载于课程标准内，而作者之根据则为十七年所发表之实验结果。

第二次意见之发表在二十四年，其时大规模之实验甫告完成，睹其结果，深以为前次主张，不甚积极，本此而行，恐于学习进步，仍感濡滞，时间虚耗，殊不经济，乃毅然决然改变主张，以为从初中一年级起，应即全授文言，不宜再授语体，至衔接问题，则尚待研究，倘此问题无满意之解决，则在学习历程中，困难仍多。

此意见发表以后，对于衔接问题，未见有人曾作科学之研究，盖一般国文教师因课务繁忙，无暇及此，而其科学工具，实亦不足以语此。是以此种艰巨工作，仍不能不由著者负担；同时，著者根据新得之经验，以为从高小一年级起，文言教学亦未尝不可尝试，其理由容后详述。二十七年秋九月，时中大在沙坪壩之附小初办不久，吾人乃就其五六年级上学期学生合班而授文言（至国语正课仍分班教之，惟时间较少耳）。当时对于一切甚为茫然，故关于教材之选择，除根据少数的一般心理原则而外，一任教者为之。此第一次试验也。

第二次试验在廿八年六月，仍就附小举行。所用材料有陈鹤琴编儿童书局出版之第八册国语，朱文叔编中华书局出版之高小二册及四册国语。此种皆为国语，并无文言。

事隔五年之后，胡士襄、江文宣两君在著者指导之下又作一次小学中高年级儿童阅读兴趣之初步研究，是为第三次试验。在此先后三次试验中，若干重要问题已获得相当可靠之结论，尚有若干问题，急待吾人展开广泛研究以解决之，其详俟后补述。

第四节　高小各年级文言教学之理由

就一般家长之谈话而言，多以为其子女于高小始业时，取得国语新书，归而读之，数小时内即能读毕而了解全书大意，然在学校则须半年讲授。或曰："国语讲授之目的不专在国语知识，且兼及一般知识。"此理由似尚充足，而亦即一般教师奉之为圭臬者。然夷考其实，则国语教室成为座谈会场，笑语者有之，举手者有之，此著者目击之情形，或以此走于极端，不足为例，然正式的讨论普通知识，不但越出国语范围之外，且有侵入自然与社会两科范围以内之嫌疑。高小分科较详，门类较专，国语教师对于一般知识，若涉及史地自然专科，未必即能解释妥当，且与其他学科重复，亦已失国语教学原意。故就教学情形而言，高小国语课本，实已不合学生程度与需要，一部

15

分时间未免虚耗，无庸讳言。在此情形下，并非加重分量或兼授文言，不足以资补救，此其一。

吾人须知国语在小学教学，国文在中学教学，实仅为一种主张，并无科学根据。就经验言之，学生中之一部分，诚对文言学习感觉困难，其原因大别有三：曰学者天资鲁钝，曰课本不合程度，曰教者方法不良。三者必居其一，或皆有之。学生之天资鲁钝者，不但于文言学习感觉困难，即对其他较难功课，亦不能试验及格，此其咎不能由文言负之。至于课本不合程度，教者方法不良，则更为科学的教育家所应研究之问题，不应盲目接受一般文学家之主观意见。

就著者经验所及，初小三年级生已有能说"文白话"者，所谓"文白话"者，为已故国学泰斗黄季刚教授之言。黄氏反对白话文，故曰："现有主张行用白话文者，而吾则将提倡说'文白话'矣。"此种"文白话"，不但国学大师黄教授能说之，而万青试验学校之初小三年级生亦间或能说之矣。犹忆曾宪恪有云："这就是画虎不成反类犬也……。"朱昌峻有云："如之何则可？……"艾国一有云："轻而且快……。"此三学生，年龄未逾八岁，入学不满三年，然在适当情境中，能以文言发为适当之口头反应。此为著者耳闻目睹之事实，而在小学生中能说类似之"文白话"者，不一而足，因此每有所闻，辄加记载，殊觉兴趣，不幸七七事变发生，万青小学遂告停办，否则经三年之搜集与记载，将能发表一整篇报告，以表示各级"文白话"之进展。现材料虽不丰富，然小学生对文言之发生兴趣，已于此可见一斑。万小三年级中固未尝正式讲授文言，然若正式授之，就一般小学而言，似可从五年级起。此其二。

小学国语课本中，是否纯粹白话未尝含有文言？对此问题，吾不知编辑小学国语课本者作何答复？然一般教育人士之主张，则谓小学国语课本中，应全属白话，实际情形是否如斯，似可就现在流行之教本一加检查，以明真相。吾人曾就初小四年级国语课本内之辞句加以分析，结果在一千六百三十四个单词及两千零二十一个辞句中，经由三专家之判定意见，认为其最大多数（前者约为百分之九十，后者约为百分之八十五），属于文白两用者，并非纯粹白话。（另有表详"文白衔接问题研究第一篇"载《教育心理研究》创刊号第五十五面）。似此情形，则一部分人坚持小学教本应用白话者为无意义矣。此其三。

根据此三种理由，吾人主张小学高级应实行文言教学，惟文言学习在初学者之历程中决非一简单之事，必于事先逐步作学习心理之研究。吾人于此已从事多年矣。兹就儿童阅读兴趣之比较研究，分别报告。

第五节　实验一

民国廿七年九月，于中大沙坪壩附小作第一次实验。择五六年级上学期学生合班授以文言，一学期终共授十六篇，此五六两年级学生自始至终未尝缺课者十八人中仅有九人，乃就此九人作一兴趣测验而平均其等第，得下列一表：

表 2.4　学生阅读兴趣之等第

文题	作者	等第
亚美利加之幼童	包公毅	1
纳尔逊轶事	梁启超	2
周处		3.5
巴黎观油画院记	薛福成	3.5
总理伦敦蒙难的精神	胡汉民	5
为学	彭端淑	6
黔之驴	柳宗元	7
贾人渡河	刘基	8
奕喻	钱大昕	9.5
胶鬶捉虎		9.5
猫捕雀	薛福成	11
西湖秋泛	刘大白	12
临江之麋	柳宗元	13
国庆献辞	陈立夫	14
永某氏之鼠	柳宗元	15
温泉记	戴名世	16

上表所载文题，可就其内容分为四大类或特质如下：

1. 儿童故事，

2. 惊人的描写与叙述，

3. 生动的描写与叙述，

4. 静的叙述。

吾人观此类别，则知儿童关于阅读中最感兴趣者为儿童故事，次则为惊人之描写与叙述，再次则为生动之描写与叙述，最后为静的叙述。此其原因不难推测，盖儿童以个人活动为中心，儿童故事在其经验范围内，故对其活动甚感兴趣。惊人的描写与叙述颇使阅者感觉出其不意之兴奋，有如探险者然。生动的描写与叙述，儿童对之亦感兴趣，即以其活龙活现，像煞有介事之故，若叙述过于呆板，则兴趣索然。是以游记一类文字，其叙述或描写处若无惊人生动之笔，似不应多选。至儿童对诗一类之韵文，并不感觉特殊兴趣，似文字并不在乎韵与散，惟在乎运用灵活，新意奇事层出不穷耳。

试就此九人之兴趣等第而求其相关（ρ），得下列$_9C_2 = \dfrac{9 \times 8}{1 \times 2}$ ＝36 系数。

表 2.5　学生九人相互间之等第相关

	振宜	国一	铁梅	立中	友鸿	大徽	潄平	士稼
国一	0.03 ±0.17							
铁梅	0.21 ±0.16	－ 0.60 ±0.11						
立中	0.15 ±0.16	0.01 ±0.17	0.10 ±0.17					
友鸿	0.07 ±0.17	－ 0.26 ±0.16	0.40 ±0.14	0.20 ±0.16				
大徽	0.21 ±0.16	－ 0.59 ±0.11	0.71 ±0.08	0.32 ±0.15	0.37 ±0.15			

	振宜	国一	铁梅	立中	友鸿	大微	漱平	士稼
漱平	— 0.11 ±0.17	— 0.46 ±0.13	0.41 ±0.14	0.08 ±0.17	0.69 ±0.09	0.38 ±0.14		
士稼	0.35 ±0.15	— 0.46 ±0.13	0.73 ±0.08	0.01 ±0.17	0.33 ±0.15	0.59 ±0.11	0.35 ±0.15	
昕若	0.41 ±0.14	— 0.06 ±0.17	0.25 ±0.16	0.53 ±0.12	0.58 ±0.11	0.14 ±0.17	0.21 ±0.16	0.05 ±0.17

观此三十六系数，即知其机误有相当大致使其本数失其可靠者。此种现象自在意料之中。盖参加人数似嫌过少。虽然，吾人亦有可告慰者，即在此三十六相关中，其可靠者尚不在少数，至少可得三分之一，可于表 2.7 中见之。此间就性别而分类，其实性别无甚重要，盖分类之后，未见有何趋势发现。

表 2.6 所列为三十六个相关次数，其中七个为负的相关，其余二十九个为正的相关。七个负相关中，以表 2.7 所列之三个为严重，因此三个不但在数量上相当的大，而在统计上且甚为可靠。试转观表 2.5 所列，则知负的相关几集于一行（仅一个例外），而此一行所有均为国一与其他各生之相关。此或为国一受有相当暗示所致。在二十九个正的相关中，以表 2.7 所列之九个为可靠而切实，其最大者为 0.73。

表 2.6　等第相关次数表

相关系数	次数
−0.7	
$\mid$ ··················	1
−0.6	
$\mid$ ··················	1
−0.5	
$\mid$ ··················	2
−0.4	
$\mid$ ··················	0
−0.3	
$\mid$ ··················	1
−0.2	
$\mid$ ··················	1
−0.1	
$\mid$ ··················	1
0	
$\mid$ ··················	6
0.1	
$\mid$ ··················	3
0.2	
$\mid$ ··················	5
0.3	
$\mid$ ··················	6
0.4	
$\mid$ ··················	3
0.5	
$\mid$ ··················	3
0.6	
$\mid$ ··················	1
0.7	
$\mid$ ··················	2
0.8	

表 2.7　比较可靠之相关

	男与女	男与男	女与女
1	−0.60±0.11	−0.59±0.11	0.40±0.14
2	−0.46±0.13	0.53±0.12	0.11±0.14
3	0.41±0.14	0.59±0.11	0.69±0.09
4	0.58±0.11		
5	0.71±0.13		
6	0.73±0.08		

综以上三表论之，吾人以为阅读兴趣在儿童间虽有相当关系，但因材料过少，致一部分之表现尚不明显，似有继续研究之必要。在叙述第二实验以前，吾人尚有兴趣与成绩之相关研究一种。所谓成绩者，即于施行兴趣测验之后，举行一种实验而获得之成绩。兹记录例题数则如下：

Ⅰ. 国庆献辞

1."水到〔　〕成"　2."精〔　〕相与"　3."多〔　〕兴邦"　4."愿〔　〕短辞"　5."瓜熟〔　〕落"

Ⅱ. 西湖秋泛

1."苏堤〔　〕亘"　2."纵一长〔　〕"　3."青山〔　〕影"　4."〔　〕玻璃里"　5."一片〔　〕空"

观此两例，则知吾人对于每篇文章拟四言题五个，各缺一字（字位不定），嘱诸生填充之，以便取得成绩而求其与兴趣之相关。吾人所得，颇为失望，盖其相关为数均小，全体九人合计 $\rho=-0.11\pm0.17$。若两性分别计之，则男生之 $\rho=-0.50\pm0.13$，女生之 $\rho=-0.20\pm0.16$. 若再就成绩之优劣两种计之，则前者之 $\rho=-0.25\pm0.16$，后者之 $\rho=-0.01\pm0.17$。就此数方面观察，吾人以为兴趣与成绩，实无甚关系，此其理由不难推测，盖每篇文章既经教员讲授，必须学习，无选择之自由，是以无兴趣者亦须读之至于烂熟，因之成绩与兴趣遂不生关系矣。

第六节　实验二

第二次实验于廿八年六月举行，其被试仍取之附小，计四下十二人，五下九人，六下五人。四下所用国语为陈鹤琴编儿童书局出版之第八册，五下及六下所用则为朱文叔编中华书局出版之高小二册及四册。吾人就此三册分别随机取出文章二十篇或若干单元，将文题印出，嘱诸生就兴趣所在，分别予以等第，此次所求出各生相互间等第之相关，较上次所得为满意（见表 2.8）。计男生与总人数之相关在四下为 0.88 ± 0.03，在五下为 0.90 ± 0.03，在六下为 0.95 ± 0.02，皆甚大而可靠。女生与总人数之相关在各级虽稍逊，然尚切实可靠。至男生与女生之间之相关，在四下与五下两级尚属适当，而六下则为例外，似两性之间，年龄渐长，兴趣转异耳。

文题之平均等第至关重要，吾人亟应表而出之，以便检讨。此载 2.9，2.10，2.11 三表中。

表 2.8　各生相互间之兴趣相关

	总男	总女	男女
四下	0.88±0.03	0.77±0.06	0.58±0.10
五下	0.90±0.03	0.87±0.04	0.62±0.09
六下	0.95±0.02	0.41±0.13	0.16±0.15

表 2.9　初小四年级下学期各生阅读兴趣之等第

题目	等第总平均	男生之平均等第	女孩之平均等第
报国报恩	1	1	1
三笑三惊	2	4	2
李逵杀虎	3	2	11.5
一生好学的中山先生	4	3	7
燕诗	5	8	3
史可法的笑	6.5	7	6
桑树下的饿人	6.5	9	4
牧童画家	8	6	8
上山	9	10	5
春晓	10	13	9
伦敦蒙难	11	16	10
司蒂芬逊——发明火车	12	5	17.5
白马寺与龙门	13	14	14
吴蕴初先生（味精制造者）	14	11	16

题目	等第总平均	男生之平均等第	女孩之平均等第
断碑残碣	15	18	11.5
杨继川先生（中国电风扇创制者）	16	12	17.5
长江游记	17	17	15
乐观	18	15	19.5
身体应怎样保护	19	19	13
几种应用文	20	20	19.5

人数：总 12 人　男 7 人　女 5 人

上表所列文题系从儿童国语课本第八册选出。此书内容原分十一单元，每单元内有三四课，吾人所选以课为单位，如"报国报恩""史可法的笑"及"桑树下的饿人"，均属第七单元，而儿童对之其兴趣各有不同。"报国报恩"一题，在全级学生，无论男女，均列之第一。此中所叙，为波兰两童子故事，此两童子为同胞兄弟，长名宝尔，次名意芬。宝尔虽不如其弟之志愿当兵，然充作小吹手而有机报国时，亦能牺牲其性命而图报之。故此课所述，不但为一儿童故事，且情节曲折，读之使儿童表示惊异与兴奋。所谓"三笑三惊"，其中所述，为曹操兵败赤壁，溃退时三遇伏兵事，此亦为惊异之故事。其他十八题，无暇一一详述，姑就此全部二十题，分为上下两半，表列于下，以观其大概。

1. "报国报恩"惊人的叙述儿童情感上的故事。

2."三笑三惊"惊人的并含有幽默的叙述。

3."李逵杀虎"惊人的动物叙述。

4."一生好学的中山先生"用谈话方式叙述伟大人物的儿童求学故事。

5."燕诗"用韵文对动物做情感上的叙述与描写。

6."史可法的笑"生动的叙述。

7."桑树下的饿人"生动的叙述。

8."牧童画家"儿童故事的静的叙述。

9."上山"生动的描写与叙述。

10."春晓"静的描写。

11—20.均为静的描写与叙述。

从"春晓"以至"几种应用文"（伦敦蒙难除外），似均为静的叙述与描写，因"春晓""白马寺和龙门"与"断碑残碣""长江游记"等均属于此类。发明故事如"司蒂芬逊——发明火车"，"吴蕴初先生（味精制造者）"，"杨继川先生（中国电风扇创制者）"三文，在编者之意以为可引起儿童兴趣者，乃儿童对之竟无甚兴趣，此亦编者始料所不及者。至常识的灌输，如"身体应怎样保护"与"几种应用文"，其等第均列在最后，似儿童对之兴趣索然。

就两性之差异而论，尚有足述者，即女子对于惊人故事如"李逵杀虎"一类者，并不感兴趣，而其对发明故事，似较男性更为冷淡。此外，则两性之间实无甚差异。

表 2.10 小学五年级下学期各生阅读兴趣之等第

题目	等第总平均	男生之平均等第	女孩之平均等第
刮骨医毒	1	2	1.5
好妹妹（一）（二）（三）	2	4.5	1.5
千里寻父	3	1	4
鸽子医生（一）（二）（三）	4	3	3
鲁滨逊漂流记	5	7	6.5
世界最大民族（一）（二）	6.5	10	5
喜雨	6.5	4.5	10
孙中山先生的故居	8	11	6.5
愚公移山	9	6	12.5
黄天荡之役（一）（二）	10	8	15
出塞	11	9	16.5
最早的火车	12	13	9
书籍的故事	13	17	8
夏日的田园	14	16	12.5
水的旅行（一）（二）	15	12	18
交通大道	16	19.5	11
劝种牛痘	17	15	16.5
蒙古人骑马	18	18	14

题目	等第总平均	男生之平均等第	女孩之平均等第
报告乡村生活的一封信	19	14	19
窑居生活	20	19.5	20

人数：总9人　男4人　女5人

表2.10所列，为小学五年级下学期各生阅读兴趣之平均等第，此与四年级者并无不同之处。兹再分述于下：

1. "刮骨医毒"惊人的叙述。

2. "好妹妹"关于儿童情感上的故事。

3. "千里寻父"同上。

4. "鸽子医生"同上。

5. "鲁滨逊漂流记"生动的叙述与描写。

6. "世界最大民族"用谈话方式对中国民族作生动的叙述。

7. "喜雨"前半为静的叙述，但后半结果甚佳，故儿童读之感觉兴奋。

8. "孙中山先生的故居"用谈话方式描写伟大人物的故居。

9. "愚公移山"生动的叙述。

10. "黄天荡之役"生动的叙述。

此外大半为静的叙述与描写。此中不外为游记，不感兴奋之故事叙述及常识灌输等数种。在两性方面稍有差异，如女生列"好妹妹"为1.5，而男生则列为4.5，似女生对女性故事较男生为有兴趣。又战争故事如"黄天荡之役""出塞"等，女生对之，其兴趣不及男生。

表2.11　小学六年级下学期各生阅读兴趣之等第

题目	等第总平均	男生之平均等第	女孩之平均等第
凿隧道（一）（二）（三）（四）	1	1	4
福尔摩斯（一）（二）	2	3	7
十年奋斗	3.5	5	8
班超定西域鼓词（一）（二）	3.5	2	11
牧人游叙利亚城（一）（二）	5	4	15
冬夜	6	8	1
南极探险家的报告	7	10	2
开辟荒林的两夫妇	8	7	9
麦哲伦（一）（二）	9	6	16
埋在地下的古城（一）（二）	10	10	10
明太祖的轶事	11	10	13
种苹果树的老李	12.5	14	5
万里从军	12.5	13	6
七十二烈士	14	12	14

续表

题目	等第总平均	男生之平均等第	女孩之平均等第
画题	15	17	3
音乐教师的新弹词	16	16	12
维持生命的煤	17	15	17
地球的兄弟们	18	18	18

人数：总5人　男4人　女1人

表2.11所列为六年级下学期各生阅读兴趣之平均等第，此中人数甚少，男四女一—共为五人。其相关在男生与总数为数甚大，在女生与总数亦尚有 0.41，惟在两性之间则甚小耳。其甚小之原因，固在兴趣之不同，其参差情形可于表中见之。兹仍分别文题作一兴趣因子之研讨如下：

1. "凿隧道"惊异的故事。

2. "福尔摩斯"用谈话方式作生动之叙述。

3. "十年奋斗"生动的叙述。

4. "班超定西域鼓词"生动的叙述。

5. "牧人游叙利亚城"生动而幽默的叙述。

6. "冬夜"用谈话方式做生动的叙述。

7. "南极探险家的报告"生动的叙述。

8. "开辟荒林的两夫妇"同上。

9. "麦哲伦"生动的叙述。

此外各题多半似可归于静的叙述，如史地故事常识灌输等。

其例外为"画题""种苹果树的老李"及"万里从军"三者。此
三者由女生分别列为第三第五第六三等第。"万里从军"中所述
为妹妹送兄出征，此或因有女性在内，故加选择，至其他二者
所以拣出之原因不甚明了，此间所谓女生组实止一人，故对于
两性差异一问题，亦不必过于重视。

综此三级结果观之，吾人所谓阅读兴趣，实不外上述数种，
惟此数种并非各个孤立者，一篇之内每含二种以上，是以静的
叙述，儿童对之虽不发生兴趣，然其所述如为儿童活动，亦能
引起少许兴趣。又生动的叙述，儿童对之虽能引起兴趣，然其
所述如为成人活动，则兴趣又将减少，最理想者莫如多写儿童
故事并使其中文字合程度，情节甚曲折，感觉颇兴奋而结果又
甚圆满，儿童阅读兴趣，必可油然而起。故事结局之成功成仁，
均无不可，惟不应有悲观而不合理之收场，致使儿童感觉失望，
不但减其阅读兴趣，且易于其幼稚心灵上留下不可救治之伤痕。

上述三课本中以六年级一本最乏兴趣，其中竟无一儿童故
事，亦少惊奇材料，似不足以满足年龄较长的儿童之需要。今
日流行之教本似应严加审查，改正上述类似之缺点。

第七节　关于实验结果之讨论

综合各方面所获结果观之，吾人可得如下认识：

1. 无论美国儿童对于英文或中国儿童对于国文或国语，其
读物之形式虽不同，而其阅读兴趣之趋势则甚相似。此种兴趣
之浓淡，视读物之特质为转移。

2. 读物之重要特质，似可分为惊异、生动、动物叙述、谈

话式、幽默、情节、男性、女性、儿童、成人、静的叙述、知识灌输（或注入式的知识报告）、道德暗示等十三类。儿童所感兴趣者为前九类，或前九类中之任何二三类之联合。儿童所不感兴趣者为后四类，或后四类中任何二三类之联合。至前九类与后四类中之任何二三类之联合，能否引其兴趣，则视其联合结果如何以为定。

3. 在读物特质中不使儿童感觉兴趣者，似占少数，但在课本中属于此类之读物，为数特多，如游记，常识（社会，自然，卫生三方面），应用文，甚至发明家之传记亦在其内。国外研究中曾发见关于道德行为之叙述，儿童亦最不感兴趣。

4. 小学各级儿童，对于阅读兴趣之相关甚近，其大者有至0.95 者，故各级儿童彼此之间，其兴趣实相同。

5. 儿童对于韵文并不发生特殊兴趣。有之，则必因其叙述或描写极生动，或含有他种使感兴趣之特质在内。故文字之任何形式，如散文韵文，儿童视同一律，盖此并非读物中重要特质之故。

6. 寻常家庭生活之经验，儿童对之似觉淡然，惟中学生及大学生则并不如是。似人之年龄愈长，其对于家庭生活之兴趣亦愈浓厚。

7. 读物之深浅程度及其在儿童文学上优美程度与读物之内容，（即前所谓之特质，此间由儿童决定选出者。）三者之间，有相当关系。假如吾人将前二者合并，以其结果而与第三者求多数相关，其数在盖兹研究中为0.63，在尤伯中为0.64，此二数可称极近。

8. 在吾人研究中，阅读兴趣与读物难度，无甚相关。此中研究举行于学生熟读之后，似学生对于任何读物，无论困难与否，或有无兴趣，既经教员讲授，即不得不学习纯熟，因此，难度与兴趣即无相关之可言。现在需要研究之问题，为读物若有难易之分，则当学习之时，其所需时间必有多寡之不同，此事实是否存在？又有兴趣之读物于读熟之后，是否保持较久，不易遗忘？此二问题，吾人毫无所知，尚待继续研究①。

9. 吾人对于文言教学之尝试，在小学五六年级全班中只有一学期，其后因故未能继续，然据家长之报告，则谓下学期之文言教学，儿童对之，不如上学期之有兴趣，似文言学习心理尚有继续研究之必要。此种尝试，若假手于对学习心理研究素乏经验者，则一般的弊端又将发生。

就此九点，吾人似可得一结论，以为儿童文学之写作，异常重要，而写作者对于儿童心理应有认识，尤为重要。盖写作者如不了解儿童心理，则将不知如何引起儿童之兴趣。若是，则关于许多重要知识皆无由传达儿童。又吾国流行之低中二年级常识课本之编辑方法，就兴趣言，远不如国语，故有采取上列观点而重行编纂之必要。至于文体之为文言或白话虽与兴趣无关，而文言较难于白话，乃尽人皆知之事实，以是文言读物之选择，当尤较白话为重要。普通所谓文言之难以教授者，多在读物选择之不当，文字本身关系反为较少。

尚有一足以互相发明印证之研究，俟下节详述。

---

① 此种实验吾人曾在中学国文背诵课中进行，其结果如吾人之所料，俟在阅读心理卷之三：文白问题一书中报告之。——作者注

第八节　胡士襄江文宣二君之研究

三十二年十二月，胡士襄、江文宣二君在著者指导下开始从事大规模的儿童阅读兴趣之测验工作，至三十三年四月方告竣事，中因寒假关系，实际测验时间尚不足两月。其被测验者为初小三年级上学期至高小二年级上学期学生，共计六百八十五人，其中男四百零三人，女二百八十二人。计参加单位有中央大学附小、树人小学、磁器口中心小学、沙坪壩中心小学、兵工学校附小、二十四兵工厂附小六个学校。

当测验计划既定之后，乃赴各校调查所用国语教科书。总计所测三十学级中，有十九学级系采用国立编译馆所编之国定教科书，四学级采用商务复兴本，四学级采用中华书局出版者，三学级采用世界书局出版者。就此等教本随机抽样选取全学期已读过之文章之二分之一至三分之一，将其题目印成一表，每一题目之前印一括号，以备儿童填入数目字之用。测验时间，每学级大概为二十分钟至四十分钟。

吾人就此次测验结果，详析之如下：

第一兴趣相关之统计　吾人每测验一学级后，即将男女结果分别统计，在男生与女生之结果中，又随机取样将奇偶分别统计，采用等级相关法，每一学级得兴趣相关系数三个（即男与男，女与女，男与女是）。若两个以上学级，其测验材料相同，乃又求其相关。因此三十个学级，所得相关系数，则在九十个左右。其中除因人数太少所得差误太大，致使其本数失去可靠性者以外，尚有可靠者七十二个。由此可知同一学级学生之阅读兴趣，大致相同，观其分配情形，当更了然。兹列表如下：

表 2.12　每学级中学生相互间可靠相关系数之分配

相关系数	次数
1.00 　|　…………………………………………………	16
0.8 　|　…………………………………………………	19
0.7 　|　…………………………………………………	25
0.6 　|　…………………………………………………	6
0.5 　|　…………………………………………………	4
0.4 　|　…………………………………………………	2
0.3	

共计 72　不可靠者 16　总数 88

上表七十二个可靠相关系数中，其数值在 0.8 以上者有十六个，0.7 到 0.8 之间者有十九个，普通 0.7 以上即谓之高相关，则此高相关已有三十五个，几占可靠相关之半数。0.4 到 0.7 之相关系数亦为三十五个，是为切实之相关。0.4 以下者仅两个，此令吾人颇为满意。此外，同程度而不同班之各级学生，其阅读兴趣之相关，不及同程度又同班之学生间的相关之高。兹列表于下，以代说明。

表 2.13　各学级间之兴趣相关系数之分配

相关系数		次数
0.9 丨 0.8	....	7
丨 0.7	....	9
丨 0.6	....	11
丨 0.5	....	7
丨 0.4	....	4
丨 0.3	....	2

共计 40　不可靠者 25　总计 65

此种现象，盖亦不难解释，因同班学生在同一教师讲授之下进行学习，彼等兴趣自较相近；而与同程度之他班学生相比较，则以其所受别一教师之不同影响，彼等间之阅读兴趣，当不若是之相近，殆可揣测。

男女在阅读兴趣上是否有若干差异，在相关表中似难看出。各学级中男生与女生阅读兴趣之相关，一般言之，并不低于男生与男生之相关，亦不低于女生与女生之相关。在不可靠之相关系数中，其属于男女相关系数者亦占最少数，故在同一班级中之男女学生，其阅读兴趣之差异甚小，此或由于吾人测验者，仅为小学学生之故，彼等年龄尚小，性别差异犹不甚显著。

又在各学级间之阅读兴趣相关系数中，男女混合之总的相关系数，与男生之相关系数（即以甲班男生之总结果与乙班者比较之）或女生之相关系数，毫无逊色。且不可靠之系数中，前者所占之比率，无宁较后二者为更小，由此可见男女生差异，甚不明显。

总之，同一班之学生不论男女，其阅读兴趣大致相近，甚至相同。不同班而年级相同之学生（如甲校四上与乙校四上是），其阅读兴趣之相关则较低微，亦即兴趣较有差异之谓，惟差异并不甚大，此或系教师教学法不同之影响所致。

第二阅读兴趣之等第　吾人每于测验一学级后，即将每一题目之等第数字相加，并求其平均数。先就男女分别计算，再男女合计，每一题目可得三个平均数字，此即平均之兴趣等第。其各学级之结果，因数字冗长，颇使读者减少其兴趣，不便全数印出，尚祈谅之。至其结果之讨论，俟分析读物特质时再行说明。

第三读物特质之分析　各学级学生阅读兴趣之等第，既已求出，吾人可进一步分析各篇文章之特质，藉以发现何种特质之文字乃为儿童所感觉兴趣者，而何类则否，并试列表以明示之。吾人由兴趣等第诸表及课文特质之分析诸表，两两相对而观之，即可以发现下列之事实：

1. 三上儿童最感兴趣之课文，在内容上必具有下列特质之一：

（一）叙述儿童生活或与儿童实际生活密切相关者。

例如："儿童生活实行团宣言"，"办消费合作社"两篇分别被列之第一。盖即以其由儿童实际生活出发，为儿童所熟习之故耳。

（二）惊人的叙述与描写。

例如："狂风暴雨"。

（三）儿童故事或发明家的幼年故事。

例如："大家成了好朋友"，"孝顺的孩子"，"爱迪生"，"瓦特发明蒸汽机"。

（四）幽默故事。

例如："爸爸的军装"。

（五）动物故事。

例如："小鸽子喜阿米"。

至如"凿壁借光"，似可归入（一）（二）（三）三类中，以其兼具三方面特质之故。此外，内容上无何特质，而其描述或叙述，生动有致者，可列为一类，如"田家四季乐"，"黄道婆"，"粮食莫浪费"等是。

不能引起兴趣之课文，大半系常识式的平铺直叙。如"我们的住宅"，"检查体格"，"帮助农人扑灭害虫"等是。又有若干课文，题目既生动，题材亦适合，但儿童对之并不感觉兴趣，此恐系叙述太不生动活泼之故。如"树的医生"，"风哥儿"，"夕阳影里"，"冬夜里的一幕"等是。

文章体裁之为诗歌或散文，似与阅读兴趣无甚影响。盖两者均有为儿童感兴趣者，亦均有为儿童不感兴趣者。

性别差异亦甚微小，惟女孩对于妇女故事，较男生之兴趣为大，如"黄道婆"，"缝棉衣"等，女生曾列之第一，而四校

结果比较，其在女生中之等第，总较在男生中之等第为高。仅
"黄道婆"一课，在廿四厂附小三上中为唯一例外。

2. 三下儿童最感兴趣之课文，不外下列数类：

（一）儿童故事。

例如："勇敢的女孩子"。

（二）发明家和伟人的故事。

例如："爱迪生"，"林肯的故事"。

（三）爱国故事。

例如："吴玉成"，"神圣的国旗"。

（四）叙述生动。

例如："飞机"，"第一次空军远征"，"凯旋"。

至于其不感兴趣之课文，则多为常识类之静的叙述。如
"地大物博"，"豆"，"盐和毒气"。但若干惊异故事或儿童故事，
如"吃虫的草"，"一个不畏难的孩子"，"一首山歌"，"一口痰"
等，磁器口中心小学三下儿童对之并不感兴趣，所列等第极低。
此有待吾人作进一步之研究与探索。以"吃虫的草"为例，或
以为此草为儿童所未曾经验过者，致不能引起注意而感觉惊异；
或是以为儿童因爱动物之故，遂恶此草，进而对此文字不感兴
趣。其余数篇，可能以其所含教训色彩太浓所致，但尚不能
断言。

3. 四上儿童最感兴趣者，分析如下：

（一）爱国故事。

例如："中华民国万岁"，"大海中的军舰"。

（二）伟人故事。

例如："虞舜的孝"，"劝学的岳飞"，而"隔壁老公公的话"，亦可归入此类。

（三）儿童故事或伟人幼年故事。

例如："杜兴桥义卖救难民"，"三兄弟的花园"。

（四）叙述生动。

例如："割稻"，"一支笔"，"日历"，"保家乡"，"航海"。

（五）儿童生活密切相关者。

例如："替妈妈写信给大姊"。

彼辈所不感兴趣者，为常识类之文字，如"读书运动与休息"，"图画文字"是。此外，静的叙述，如"哥伦布"，"当地坦尼沉没的时候"；彼等所不能了解或接受之幽默故事，如"小新的病"，"谁的功劳最大"等，皆不能令儿童发生兴趣。

4. 四下儿童之兴趣在：

（一）有关儿童生活之叙述。

例如："庆祝儿童节"，"我们的级任老师"。

（二）爱国故事。

例如："民族英雄祖逖"，"一门忠烈"，"七十二烈士墓"。

（三）儿童故事。

例如："卖布儿"，"救助苦难中的小朋友"。

（四）伟人故事或有关伟人之叙述。

例如："六千慈母"，"发明家盖里略"，"国父的故居"。

至于静的叙述与说教的故事，皆不为儿童所喜欢。性别差异仍不显著，惟女生似对妇女故事较感兴趣。如"六千慈母"，女生所列等第较男生为高。

5. 五上儿童兴趣所在之读物为：

（一）人物故事。

例如："乞丐兴学"，乃关于武训之叙事诗，文字生动，各校学生皆以之列为第一或第二，仅磁器口中心小学中列之第十。考该校所用国语课本为世界书局版，其内容与国定本之不同，似不能一概而论，然由此亦可假想国定本中"乞丐兴学"之所以能使儿童感觉兴趣者或因其文字生动之故。其次，如"张良的故事"，"少年乘客"，"伟大的工程师"等，皆为其所感兴趣之课文。

（二）叙述生动之文字。

例如："拥护领袖"，"军歌"，"到天空去"，"可爱的中华"，"在太湖上"。

（三）幽默故事。

例如："公鸡生蛋"。

（四）动物故事。

例如："黑美的自述"。

（五）儿童故事或有关儿童之文字。

例如："模范青年"，"我是少年"。

（六）时事报告。

例如："一县一机运动"。惟此文之能引起儿童兴趣，恐不全在其为时事报告，或因所叙述者为儿童所感兴趣之飞机之故。

至于静的叙述，如"借书"，"保甲成立之纪念"，"可爱的新疆"等，单调之应用文，如"舅父寄来的信"，"一个报告失火的电报"等，皆不能令儿童感觉兴趣。此外，"跳伞记"，"滑翔机的发明"二文，内容似合乎儿童口味，或以其为平铺直叙之故，儿童对之甚为淡然。又如"幼慧的故事"，不易为儿童所了解，"割席子"则教训意味太深，皆被列为最后等第。

此中略见男生对于伟人较感兴趣，如"蒋委员长的故事"，"张良的故事"，男生所列等第，均较女生为高。较为硬性（或男性）之文字如"军歌"等亦然。但"拥护领袖"则女生所列等第，高于男生。

6. 五下儿童最感兴趣之文字分述如下：

（一）叙述生动者。

例如："由恰克图寄来的信"，"河边村"，"地狱中的明星"。

（二）人物故事。

例如："沈云英"，"王冕"，"南丁格尔的仁慈"，"牛背上的两个学者"。

（三）爱国或赞颂祖国的文字。

例如："可爱的中华"，而"沈云英"似亦可列入此类。

（四）讽刺文字。

例如："金钱"，"一磅肉"。

关于常识灌输类之文字，如"茶和丝"，"应付环境"，"昆虫是什么"等，以及彼辈所不能了解之讽刺，幽默与机智，如"焚卷"，"国王的新衣"等，儿童对之皆不感兴趣。

就性别论，女生对妇女故事较感兴趣，如"瑞典的一个乡妇"，女生列为第二，男生则列为第九，相差甚远。但"南丁格尔的仁慈"，男生皆列之第二。由此可见若干妇女故事之使女生感觉兴趣，并非因其以妇女为主角之故，或系所叙述者带有妇女所独有之色彩或情调，乃使女生对之特感兴趣；若非妇女所独具之一般性格之叙述，如"南丁格尔之仁慈"者，男女并无所轩轾。

7. 六上儿童兴趣所在，可析言之：

（一）冒险故事。

例如："武松打虎"，"群儿放洋记"，"小吹手"。

（二）爱国故事。

例如："最后一课"，"爱国的少年"。

（三）惊奇的故事。

例如："阎典史"，"口技"。

（四）伟人的故事。

例如："国父孙中山"，"孔子教学的故事"，"江上丈人"，"富兰克林"，"苏武牧羊"。

（五）动物故事。

例如："猎狗的日记"。

彼辈所不感兴趣者，仍为常识灌输类之文字与平铺直叙之文字。就性别而论，男女差异，仍不甚显明。惟"武松打虎"等冒险惊异故事，男生较女生感到浓厚兴趣。惟兵工附小六上学生，以"种菊花"列为第一，"武松打虎"列为十六，实出人意料之外，考其原因或系人数太少（仅四人），程度较低之故。

综上所述，吾人可获下列各点：

一、小学儿童（从三上到六上）最感兴趣之读物，可类别之：

1. 有关儿童之文字，此又可细分为两组：

A. 儿童故事——不分阶级性别。

B. 儿童实生活之叙述与描写。

2. 惊人之叙述与描写——包括冒险故事。

3. 合乎儿童心理之幽默故事。

4. 动物故事——包括动物之拟人的叙述。

5. 爱国故事——包括赞颂祖国之文字。

6. 具有某种为儿童感觉兴趣之特质的人物故事或时事报告。

凡此各类，尚须具一共同之必备条件，即文字技巧上之活泼生动。否则，儿童对之皆仍索然。

二、小学儿童（从三上到六上）所不感兴趣者，约言之：

1. 常识知识之灌输——包括自然，卫生，公民。

2. 平板的应用文。

3. 成人之幽默，讽刺，机智等叙述。

4. 含有道德教训者。

5. 文章技巧低劣——包括平铺直叙，内容单调者。

三、每一文中可同时具有多种特质，此时即须视各种特质所含成分之多少，以决定其在儿童阅读兴趣上之等第。

四、各年级内学生之阅读兴趣，颇为接近。其相关系数达0.9以上。虽学校不同，而年级相同之学生，其阅读兴趣亦大致相同。

五、性别差异，几等于零。粗略言之，女孩对具有妇女所具有之色彩情调者，较男孩为多感兴趣；男孩似对雄壮之男性文字，较女孩多为感兴趣。但因论据不足，尚不能肯定。

六、小学各年级间学生之阅读兴趣，在吾人测验上似未表若何差异，是否系因受测验材料之限制所致，尚不敢断定。

七、上述儿童最感兴趣之读物分类，如有盖兹及邓氏之特质分类比较言之，则知儿童所感兴趣之读物，必具下列特质之一种以上：

1. 惊异　惊人之叙述，冒险故事等属之。

2. 生动　爱国故事，人物故事，儿童故事等属之。

3. 情节　爱国故事，人物故事，儿童故事，幽默故事，动物故事等，大多具有曲折变化之情节。

4. 动物　动物故事属之。

5. 幽默　合乎儿童心理之幽默故事属之。

6. 新奇　惊人之叙述，冒险故事等皆具此特质。

7. 熟习　儿童实际生活之描述，儿童故事，时事报告等皆含此特质。

8. 叙述　上述各类皆含此特质。

至于谈话式，重复二特质，因吾人测验中，少具此两种特质之材料，此处不能论列。但由此可见我国编写儿童读物者，尚未十分注意此二种特质之价值。

结论　吾人此次研究，虽无若何新发现，但足以证实国内外已有之研究结果之可靠与价值。盖著者前此就此问题，作过两次实验，所得结果大致与此次所得者相同，而国外如盖兹邓氏二人亦复早有类似之研究，据其发表之报告观之，知彼邦儿童阅读兴趣之大概趋势，亦与我国儿童毫无二致。吾人获得此种科学上之根据，似应立即着手从事国语教学上若干有关之改革，如国语课本之重新编纂，教学方法之改良等，未可一再延误；虽然其间固尚有若干未获解决之问题，留待吾人继续研究与探讨。

主要参考书

Gates，A. I. *Interest and ability in Reading*. The Macmillan C. 1931.

艾伟：《儿童阅读兴趣之研究》，《教育心理研究》创刊号，中国教育心理研究。

第三章　朗读与默读之比较

第一节　导言

朗读与默读之一般估价　朗读为出声之读，先看字再读出声音，然后或同时思索其意义。默读则无需借助发音器官，而迳由视觉获取其意义。由朗读至默读，须经过逐渐演化发展之历程。若就发音器官之活动言，首高声朗诵，次低声私语，继而无声唇动，终乃无声无动，默读之习惯于焉养成。亦有无须逐步经过而能默读者。关于朗读与默读之一般价值，可就三方面而言之：

一、从社会实用言：宣读论文，宣读开会记录（或提案或议决案）或公开信，政府布告以及无线电台广播讲演报告等，皆须朗读。然私人看信阅报等则须默读。

二、从教育意义言：朗读为初期教书教学之重要方法，以其易于提起儿童兴趣，帮助记忆，且可藉此考察儿童识字之正确与否。至诗歌等具有声调美之文字，尤须朗读，俾能尽情体味。朗读又能发展儿童之说话能力，训练语言使之标准化，此在今日语言未统一之中国更为重要。惟单级教学或复式教学甚忌朗读，以其足以妨碍旁人学习，不若默读之易于增进全班儿童学习之效果。故宜斟酌情形相间采用。

三、从阅读本身言：阅读主要目的，在获得知识，以此而言，则默读速度快，了解多，不若朗读之耗时费力而所获甚少，且国外研究，皆证明默读在理解上较广，在保留时间上较长，似默读优于朗读远矣。

国外实验研究之结论 朗读与默读之比较研究，已有不少报告发表。但几全为国外学者用西文材料而得之结论。除胡毅曾在美国用中文材料作过实验外，似无继起研究者。兹就吾人所知国外研究，简述之如下：

根据修易（E. B. Huey）教授之报告，关泽（I. O. Quantz）试验五十名大学三四年级学生阅读之结果，在朗读方面，用寻常读法（Normal Speed），其速率之最慢者，每秒钟可读 2.6 字，最快者 3.9 字。在默读方面，则最慢者为 3.5 字，最快者为 8.8 字；若采用极速法（Maximal Speed），则最慢者为 4.5 字，而最快者可达 12.2 字。至理解能力，读快者较读慢者平均高出百分之三十七；且在记忆方面，读快者亦较为正确。修易教授自己亦作过相同之实验，用有趣之小说，在安静环境中，试验二十名大学毕业生。结果发现在朗读方面，用寻常读法，最慢者之平均数，每秒钟为 2.2 字，最快者为 4.7 字；应用极速法，则最慢者为 2.9 字，最快者为 6.4 字；在默读方面，用寻常法，最慢者为 2.5 字，最快者为 9.8 字；应用极速法，最慢者为 3.5 字，最快者为 13.5 字。二十人之总平均，在朗读方面，用寻常法为 3.55 字，用极速法者为 4.58 字。修易并发现默读时嘴唇活动者，二十人中有三人，其中一人属于阅读最快组，但嘴唇亦动。

根据宾特勒（D. Pintner）教授与其学生奥夫特尔海特（E. M. Aufderheide）女士，就小学四年级所作实验之报告：受试学生共二十三人，其中女孩九，男孩十四，测验材料，朗读默读各八种，每种限阅读两分钟，读后默写大意，以预先规定之思想要点为给分标准。朗读用个别测验，默读用团体测验。其结果，在速率方面，最快者两分钟内朗读 31 行，默读 89 行。最慢者朗读 9 行，默读 10 行。全班平均，朗读 20 行，默读 28 行。在理解方面，最好者，朗读得 29 分，默读 30 分；最坏者，朗读得 5 分，默读 6 分。全班平均，朗读 15 分，默读 18 分。

继之而起者有欧伯尔贺（E. E. Oberholtzer）发表之报告，其结果如表 3.1 所示：

表中数字，表示每秒钟阅读字数。朗读默读速率，在低年级相等，高年级则相差近于一字。测验学生共计一千八百名，可谓规模宏大，惟其所用方法为团体者，抑个别者，或参互采用，因缺乏材料，无由稽考。

表 3.1　朗读与默读之速率比较（采自 Starch）

年级	3	4	5	6	7	8
朗读	2.0	2.3	2.4	2.8	3.1	3.9
默读	2.3	2.6	3.1	3.9	4.7	4.8

其后梅德（C. D. Mead）曾做两个研究，所用方法与宾特勒

相同。共测验五班学生 112 人。结果发见除第五班所读行数一项朗读大于默读外，其余之所读行数及理解分数与理解百分数皆默读大于朗读。第二次研究规模较大，共七级十七班学生 340 人。其中除四年级及六年级中之一班，在理解百分数中表示特殊（四年级理解百分数，朗读为 35.00，默读为 23.90。六年级之一班，其理解百分数，朗读为 46.00，默读为 45.10）外，其余各项分数（所读行数及理解分数与理解百分数），皆默读大于朗读。

格雷（W. S. Gray）教授之研究较晚，故所包括之范围更广。结果发现除三年级以前者朗读速度大于默读外，余皆默读快于朗读，且年级愈高成绩愈好，如表 3.2 所示。其中一年级学生不能默读，故默读项内缺。

表 3.2　朗读与默读之速率比较（采取 Reed 学科心理）[①]

类别	年级											大学生
	1	2	3	4	5	6	7	9	10	11	12	
朗读	60	111.6	147	189	210.6	228	234	234	246	240	238	241
默读		87.0	138	227	231	252	240	255	253	266	255	270

表中数字表示每分钟阅读字数

以上系从阅读之直接活动研究朗读与默读在速率上或理解上之差异。此外，关于朗读与默读之速率，又可由眼停次数之多寡比较之。关于眼球运动影响阅读效率之研究，在修易与沈有乾氏著作中均有详细介绍。总之，自亚伐尔（Javal）教授首

---

① 年级一栏疑似脱落 8 年级一列，原文如此。——特编者注

先发现读书时眼球忽跳忽停，且在跳动时不能见字之现象后，复有额尔德曼（Erdman），达其（B. Dodge），修易，贾德（C. H. Judd），低尔波恩（E. Dearborn）以及布士威尔（G. T. Baswell）诸氏，先后应用各种方法，从各方面研究之。其结果均证明眼球跳动时不能见字，阅读愈快，停顿愈少。就此方面比较研究者以布士威尔最为著名。结果从眼球运动之停顿次数上及每停顿所需时间上与回看次数上，证明默读成绩优于朗读，而且依年级而逐渐进步，例外极少。

本研究之目的　根据朗读默读之一般估价与夫国外学者之实验研究，吾人将问（1）默读之速率大于朗读，默读之理解高于朗读，此项结论是否与我国儿童之阅读情形相符合？如其相符，各年级间有无差异？其差异之情形又如何？（2）默读之价值既经证明，此在我国人士中，似亦普遍认识，然此种认识，是否对于阅读教学发生影响，而与教学之实施配合并进？（3）中外传统习惯，一向重视朗读，则朗读教学，理应不宜再有问题，其情形是否属实？抑或尚有值得注意处？本研究之主要目的，即在从实验方面，对于此类问题加以考察，求一结论，并拟具一阅读标准，以供我国教育行政当局，实际从事教学者以及其他进行研究工作者参考。吾人之方法，乃实施一种国语朗读与默读测验，其进行情形，俟下节详述。

第二节　测验之进行

性质与对象之确定　为实际观察阅读活动之情形起见，无论朗读与默读，均采用个别测验。原拟从初小二年级测起，至

51

高小六年级为止，每级上下二期，共计十班，每班以一百人为准，预备测验一千人。经过实验的试验以后，发现二年级学生因生字太多，阅读过于困难，不得已放弃二上二下，决定从三上测起至六下为止，每班仍以一百人为准，取其便于统计。

测验地点，原以重庆沙磁区两三个规模较大的小学作根据，后因女生及各年级下学期学生取样不够，乃扩大范围，共计测过九个学校，学生九百二十五人，正式选用八百人，每班一百，男女各半。

吾人所选择之学校，大都系学生较多，设备较完善，教员素质较优良者。就学生言，其中仅有一校本地（重庆）儿童较多，其他各校，皆以外省学生为多。其隶属省籍，除新疆，青海，宁夏，西康，甘肃等省外，全国各省皆有。尤以江浙安徽两湖及江西等省为最多，四川学生当亦不少。家长职业，党、政、军、学、农、工、商、各界均有。教员大多本地人与外省人各半。仅有一校本地教员占大多数，尚有几校则全为外省教员。教员学历，大致本地人以师范与中学毕业者为多，外省人则似以高中以上程度或大学专门学校肄业或毕业者较多。而大学毕业者多系兼任教员。

方法与材料之抉择　为方便与经济时间计，本测验材料全由著者所编国语默读测验中选出者。计长短文共八篇，最长者一百九十四字，最短者六十三字，分为甲乙两类，朗读与默读交替应用。复依照测验之低中高三类分为三组。每组有文章四篇（分为二类——即朗读类者两篇，默读类者两篇。其二类性质相似，难易相等，长短相同。各类中其字数上较短内容上较易之一篇为第一测验，另一篇则为第二测验，朗读默读各作两次测验）。其中有两篇与其相邻之组共用，即低组朗默读之第二测验，为中组之第一测验，中组之第二测验，则为高组之第一测验。合计文章仍为八篇。

关于测验方法，在速率方面普通有两种，一为时间固定工作不固定，一为工作固定时间不固定。姑称前者为计时法，后者为计工法，此二名词与普通用法略有不同。上述各实验大都为计时法，预先规定时间，然后以被试者在此时间内所完成之工作，认为所得之成绩。吾人此次测验以材料甚短，不宜采计时法，乃用计工法。即以儿童阅读全文所需时间除全文字数，得单位时间所能阅读之字数，以此作为其成绩。

吾人测验工作，从三十年十月中开始（约在各校开学后四周）至同年十二月底止，共历时三月。计被测学校有小龙坎树人小学，覃家岗中正学校小学部，磁器口镇中心学校，沙坪坝中心学校，复元寺私立固城小学，歌乐山私立广益小学，教育部主办歌乐山小学，歌乐山镇中心学校，新桥镇中心学校等，一并附记于此。

第三节　测验结果之分析

朗读速率之比较　朗读默读之各种速率统计，载在表 3.3 中，系以每秒钟阅读之字数表示者。就各种统计常数（Md，$Q_1 Q_3$）看，无论朗读默读，尚能随年级而增进，即年级愈高读的愈快。仅在下四分点（Q_1）中三下朗读（1.43）高于四上朗读（1.21），四下阅读（1.81）高于五上阅读（1.79）。其他各值概无例外，一律逐渐上升。再就最聪颖与最迟钝的百分之九十等级（P_{90}）及百分之十等级（P_{10}）看，其情形亦然。在百分之十等级中，三下朗读（1.21）高于四上朗读（1.00），四下朗读（1.50）高于五上朗读（1.48）；在百分之九十等级中，四上朗读（2.59）高于四下朗读（2.52）。此三例外，相差均甚微，除在第一值（1.21 大于 1.00）较为可靠外，其他二数均不足为据。

就朗读与默读比较看，则无论在全班之平均成绩中数（Md）方面，或者迟钝的下四分点（Q_1）及百分之十等级（P_{10}）与聪颖的上四分点（Q_3）及百分之九十等级（P_{90}）中，各年级均无例外，其默读之速率一律大于朗读之速率。但从两中数相差及其机误[①]（Diff.）看，三上（-0.14 ± 0.05），三下（-0.06 ± 0.06），四上（-0.20 ± 0.07），四下（-0.20 ± 0.07）各年级，其中数相差均不及其机误的三倍，此项相差，究由于默读快于朗读之故，或另有其他原因，尚难断定。自五上以上，差异之情形极为明显，各班本数与机误之相差，均在六倍以上。足见默读习惯在小学四年级尚未养成。关于此点下文当再讨论。

就各级差异系数（V）看，差异系数愈大，愈表示程度不齐。在朗读方面，除三上（31.11）较为参差外，大致尚能随年级而逐渐整齐。三上程度所以不齐，或因儿童过去程度不齐，家庭教育环境各异之故。且小学一二年级功课，游戏唱歌听故

---

① 机误，今作或然误差——特约编辑注

事之时多，阅读课文时间较少，乃因阅读功课加多，教师对于阅读学习亦较重视，年级愈高则愈为重视。加以考试淘汰，许多阅读能力过差者，已经留级，因而表示随年级而整齐之趋势，此乃教育结果所致。

在默读方面，不见有如朗读方面之情形，且恰得其反，均为年级愈高则程度愈不整齐。以六上（38.74）六下（43.81）两班之参差情形最甚，三上（22.81）最微。换言之，程度之不齐随年级而加甚。追问三上之默读能力何以较为整齐？盖三上儿童根本不会默读，其默读方面几与朗读完全相同，仅声音略小而已。至其他各年级，尤其六上六下，其中有已完全养成默读之习惯者，有尚未完全养成者，亦有全未养成者，默读之快慢程度当亦最为参差不齐，此中趋势之急应矫正，乃小学教育不可忽视之责任。

综上所述，吾人可以说：国语朗读与默读，在速率方面，尚能随年级而逐渐进步，年级愈高，读的愈快。至朗读与默读比较，则默读速率大于朗读，各班皆然，惟在五年级以后，始形显著。就班中程度差异言，除三上外，各年级朗读程度均较默读程度为整齐，朗读方面随年级之愈高而愈整齐，默读方面则随之而愈参差。

朗默理解之比较 朗读与默读在理解上之各种统计，载在表3.4中，以答对问题的百分数表示之。就全部观之，测验材料之不同，在速率方面并无显著影响，即在最迟钝的百分之十等级中亦能随年级而逐渐上升，例外甚少。至理解方面，即最聪颖的百分之九十等级，尚不能表现与速率方面所有之相同趋势。若就测验材料相同之班级比较，如三上与三下，四上与四下，五上与五下，六上与六下，大致年级高者理解多，年级低者理解较少，但其情形亦不若速率方面之单纯。分析言之，在均数（M）与中数（Md）方面，三下默读均数（76.20）小于三上（76.40），五下朗读中数（84.50）小于五上（84.78），六下朗读均数（85.38）默读中数（89.64）均小于六上（85.40及90.56）。在下四分点与百分之十等级及上四分点与百分之九十等级中，其情形亦然。此中原因，一方面表示理解本身问题复杂，一方面取样或有影响，因吾人进行测验时，各校各年级上期大都完全，至下期则有者有，有者无，有者完全，有者仅有一二班。不足之数，不能不以他校之相当年级之学生补充之，而各校程度并不一致，故有下期反而不如上期之表现。此为一可能之解释，但非唯一之解释。盖速率方面取样相同，其在速率中固无此种现象也。

表3.3　朗读与默读速率之统计（每秒钟阅读字数）

类别		年级							
		三上	三下	四上	四下	五上	五下	六上	六下
Md± P.E. Md	朗读	1.53 ±0.04	1.72 ±0.04	1.80 ±0.04	2.17 ±0.05	2.22 ±0.05	2.44 ±0.05	2.70 ±0.05	2.89 ±0.05
	默读	1.49 ±0.03	1.78 ±0.05	2.00 ±0.06	2.37 ±0.06	2.84 ±0.09	3.34 ±0.09	3.51 ±0.11	3.98 ±0.15
σ± P.E. σ	朗读	0.42 ±0.02	0.44 ±0.02	0.52 ±0.02	0.54 ±0.03	0.59 ±0.03	0.59 ±0.03	0.58 ±0.03	0.58 ±0.03
	默读	0.34 ±0.02	0.62 ±0.03	0.70 ±0.03	0.84 ±0.04	1.02 ±0.05	1.02 ±0.05	1.26 ±0.06	1.74 ±0.08

续表

类别		年级							
		三上	三下	四上	四下	五上	五下	六上	六下
Q_1	朗读	1.13	1.43	1.21	1.81	1.79	2.09	2.32	2.53
	默读	1.20	1.48	1.66	1.92	2.12	2.50	2.79	3.14
Q_3	朗读	1.68	2.04	2.18	2.59	2.70	2.90	3.09	3.32
	默读	1.87	2.17	2.67	2.87	3.56	4.00	4.36	4.90
P10	朗读	0.82	1.21	1.00	1.50	1.48	1.75	1.97	2.30
	默读	0.96	1.25	1.31	1.55	1.70	1.95	2.38	2.53
P_{90}	朗读	2.06	2.33	2.59	2.52	3.10	3.27	4.30	5.55
	默读	2.38	2.90	3.07	3.66	4.33	5.00	5.24	6.53
V	朗读	31.11	25.59	28.88	24.87	26.57	22.95	21.48	20.05
	默读	22.81	34.98	35.00	35.24	35.91	31.26	38.74	43.81
Range	朗读	2.07 0.65— 2.72	2.28 0.97— 3.25	2.92 1.02— 3.94	2.35 1.04— 3.39	2.84 1.05— 3.99	2.92 1.41— 4.33	2.91 1.88— 4.29	3.35 1.18— 4.53
	默读	4.92 0.56— 5.48	3.07 0.65— 3.72	4.32 0.97— 5.29	5.19 1.03— 6.22	4.69 1.20— 5.89	5.43 1.48— 6.91	6.69 1.90— 8.59	8.93 1.85— 10.78

续表

类别	年级							
	三上	三下	四上	四下	五上	五下	六上	六下
Diff	−0.14 ±0.05	−0.06 ±0.06	−0.20 ±0.07	−0.20 ±0.07	−0.62 ±0.10	−0.9 ±0.10	−0.81 ±0.12	−1.09 ±0.16
Chances in 100	97	75	97	97	100	100	100	100

注（一）Md＝中数　σ＝标准差　Q_1＝下四分点　Q_3＝上四分点

P_{10}＝百分之十等级　P_{90}＝百分之九十等级　V＝差异系数$\left(\dfrac{100\sigma}{\text{Md}}\right)$　Range

＝两极点　Diff＝两中数相差及其机误　P. E.＝机误①

注（二）各班人数均为 100 人表中未列出

注（三）Diff 中负号表示默读优于朗读

表 3.4　朗读与默读理解之统计（答对问题之百分数）

类别		年级							
		三上	三下	四上	四下	五上	五下	六上	六下
M± P. E. M	朗	88.5 ±1.23	79.45 ±1.61	87.45 ±0.71	87.70 ±1.54	79.60 ±1.18	80.25 ±1.44	85.40 ±0.83	85.38 ±1.27
	默	76.40 ±1.25	76.20 ±1.57	81.60 ±0.93	83.10 ±1.56	77.40 ±1.17	79.60 ±1.21	85.00 ±0.83	85.50 ±7.16
Md± P. E. Md	朗	84.07 ±1.54	84.13 ±1.42	89.56 ±0.89	90.27 ±1.87	84.78 ±1.48	84.50 ±1.28	89.31 ±1.04	89.64 ±1.03
	默	79.54 ±1.57	79.69 ±1.39	84.52 ±1.17	87.50 ±1.39	82.00 ±1.47	82.43 ±1.20	90.56 ±1.04	89.64 ±1.03

---

① 机误，P. E.，是 probable error 的缩写，今译作或然误差——特约编辑注

续表

类别		三上	三下	四上	四下	五上	五下	六上	六下
		年级							
$\sigma\pm$ P.E.σ	朗	18.30 ±0.87	16.85 ±0.80	10.59 ±0.51	16.15 ±0.77	17.80 ±0.85	15.10 ±0.72	12.26 ±0.58	13.40 ±0.64
	默	18.55 ±0.88	16.38 ±0.71	13.81 ±0.66	16.15 ±0.78	17.31 ±0.83	14.20 ±0.63	12.36 ±0.59	12.25 ±0.58
Q_1	朗	70.67	71.67	80.45	80.00	71.25	72.50	80.71	78.83
	默	66.20	70.36	74.21	76.11	65.83	71.25	74.06	75.00
Q_3	朗	92.62	95.54	97.04	97.55	93.42	92.62	94.90	95.37
	默	89.24	88.22	92.40	96.43	91.27	92.38	95.19	92.96
P10	朗	50.00	51.67	72.50	62.00	52.00	61.00	65.56	66.25
	默	53.57	52.31	55.00	54.29	52.00	61.67	67.50	64.17
P_{90}	朗	97.06	98.21	98.81	99.02	97.37	96.67	97.92	98.15
	默	95.21	95.00	96.97	98.75	95.00	96.43	97.96	98.57
V	朗	23.31	20.20	12.10	17.89	22.36	18.30	14.87	14.74
	默	24.28	20.65	16.92	18.80	22.39	17.49	14.37	14.65
Range	朗	71 (29— 100)	62 (38— 100)	50 (50— 100)	83 (17— 100)	77 (23— 100)	73 (27— 100)	63 (37— 100)	65 (35— 100)
	默	71 (29— 100)	87 (13— 100)	62 (38— 100)	87 (13— 100)	77 (23— 100)	63 (37— 100)	46 (54— 100)	55 (45— 100)

续表

类别	年级							
	三上	三下	四上	四下	五上	五下	六上	六下
Diff	2.10 ±1.75	3.25 ±2.24	5.85 ±1.17	4.60 ±2.19	2.20 ±1.66	0.65 ±1.85	0.40 ±1.17	－0.20 ±0.72
Chances in 100	79	84	100	92	81	59	59	54

就朗读与默读比较而言，在均数与中数方面，除六上默读中数（90.56）与六下默读均数（85.50）较朗读为优外，其他各数均以朗读优于默读。在下四分点及百分之十等级与上四分点及百分之九十等级中，低年级方面，仅三上和三下的百分之十等级的默读成绩大于朗读。其他默读高于朗读者，均在高年级，例如五下的百分之十等级，六上的百分之十等级，四上四分点及百分之九十等级，以及六下的百分之九十等级等是，此外皆为朗读成绩优于默读。三上三下的百分之十等级中默读成绩较优之原因，由于其程度较差，默读朗读采用同一方式，何者成绩有较优表现，乃属偶然现象，未足为据。五上与六下的百分之十等级中，默读高于朗读，似属例外，其原因难于确定。至六上的上四分点及百分之九十等级与六下的百分之九十等级中，默读优于朗读者，乃由于三部分学生属于高年级之聪颖者或最聪颖者，根据前人结论，理应如此。

再由两中数相差及其机误（Diff）看，朗读之优势随年龄而渐减。至六下默读（－0.20±1.72）一跃而占上风，就统计学理讲，本数不能大过其机误三倍，其优势根本不成立。但就朗读逐渐减低之全部趋势而推至于初中一或二年级，则默读之理解可以大于朗读。此处六下默读之理解不能绝对优于朗读者，系因默读习惯方在养成，未臻熟练，与习惯已久之朗读相较，尚不能绝对分胜负，然而默读理解可以大于朗读之趋势则已极为显明矣。

关于差异系数（V）方面之表现，其情形较为简单，各年级无论朗读默读，大致均能随年级逐渐整齐，朗读与默读比较，亦无显著差异。此外尚须加以说明，即就各年级理解百分数综合观之，吾人所用材料，似以四上四下两级理解为最容易。又各年级理解成绩最低者，亦均在百分之五十以上，此或由于材料深浅合度，有时未免对学生稍加解释（因语言隔阂）所致。

综上所述，可知朗读与默读在理解上情形，以测验材料相同的班级论，大致表示随年级而增进之趋势，惟不若速率方面之统一而已。朗读与默读比较，则朗读所占之优势随年级而渐减，默读则随年级而渐加优，至六下而相等。倘继此推往后去，默读理解可优于朗读无疑。至差异系数上，朗读默读均能随年级而渐趋整齐。朗读默读二者间亦无显著之差异。

性别差异之研究　男女阅读上差异趋势，有时甚为明显，惟其原因不在男女本身，多由于环境影响。吾人对此曾作若干统计，载表 3.5，表 3.6，表 3.7，表 3.8 各表中。就速率言，则无论朗读默读，从两中数相差及其机误（Diff）看，男女两性在各年级中均无显著之差异（因本数均不及其机误之三倍），即在聪颖之上四分点与迟钝之下分点，其中情形亦复如是。再就理解方面看，除四上男生朗读默读之均数与中数确较大于女生外，其他各值完全与速率方面情形相同。大致言之，男女生互有优劣，有些处男生较优，有些处女生较优，如是则谓其无差别亦可。吾人以为环境影响性别差异，在年龄较长的儿童中，自属可能，在过去尤其如此。至小学生年龄尚幼，男女在家庭中既无特别之工作，在学校中受相同之教育，在社会上彼此可以公开自由游玩，彼等在阅读能力上或不应有所差异。倘有所差异，则确系由于环境影响，吾人之发现，可为佐证。（表3.5，3.6，3.7，3.8）

表 3.5　朗读与默读男女速率成绩统计一（每秒钟阅读字数）

统计常数		年级							
		三上		三下		四上		四下	
		朗读	默读	朗读	默读	朗读	默读	朗读	默读
Md± P.E. Md	男	1.43 ±0.05	1.51 ±0.05	1.70 ±0.05	1.81 ±0.06	1.83 ±0.06	2.00 ±0.09	2.13 ±0.07	2.31 ±0.11
	女	1.29 ±0.06	1.46 ±0.09	1.85 ±0.05	1.68 ±0.08	1.78 ±0.07	2.00 ±0.09	2.14 ±0.06	2.44 ±0.08
Diff		0.14 ±0.08	0.05 ±0.10	−0.15 ±0.07	0.12 ±0.09	0.05 ±0.09	0.00 ±0.13	−0.11 ±0.09	−0.13 ±0.14
Chances in 100		88	63	92	81	66	50	79	73

注一：Diff. 中负号表示女生成绩速于男生成绩。

注二：各班人数均为100，男女各班，表中未列出。

表 3.6 朗读与默读男女速率成绩统计二（每秒钟阅读字数）

统计常数		年级							
		五上		五下		六上		六下	
		朗读	默读	朗读	默读	朗读	默读	朗读	默读
Md± P. E. Md	男	2.14 ±0.06	3.14 ±0.14	2.45 ±0.06	3.46 ±0.13	2.67 ±0.07	3.55 ±0.17	2.88 ±0.06	4.09 ±0.23
	女	2.33 ±0.07	2.74 ±0.16	2.42 ±0.07	3.00 ±0.15	2.80 ±0.11	3.53 ±0.22	2.90 ±0.07	3.05 ±0.17
Diff		−0.19 ±0.09	0.4 ±0.17	0.03 ±0.09	0.46 ±0.20	−0.13 ±0.13	−0.18 ±0.28	−0.02 ±0.09	0.44 ±0.29
Chances in 100		92	95	58	94	75	66	55	81

表 3.7 朗读与默读男女速率成绩统计一（答对问题百分数）

统计常数		年级							
		三上		三下		四上		四下	
		朗读	默读	朗读	默读	朗读	默读	朗读	默读
Md± P. E. M	男	78.20 ±1.21	78.00 ±0.98	79.30 ±1.53	76.10 ±1.49	90.20 ±0.57	83.80 ±0.86	86.20 ±1.77	82.70 ±1.34
	女	79.20 ±1.07	74.80 ±1.10	79.60 ±1.63	77.00 ±1.63	82.70 ±0.68	79.20 ±0.98	89.30 ±1.13	83.00 ±1.57
Md± P. E. Md	男	82.22 ±1.52	81.67 ±1.23	84.00 ±1.94	78.50 ±1.87	70.00 ±0.71	86.32 ±1.08	90.00 ±1.97	86.00 ±1.89
	女	85.56 ±1.34	76.67 ±1.38	83.33 ±2.04	81.86 ±2.09	85.00 ±0.85	81.60 ±1.23	90.50 ±1.41	87.50 ±1.98

续表

统计常数	年级							
	三上		三下		四上		四下	
	朗读	默读	朗读	默读	朗读	默读	朗读	默读
Diff	－1.00 ±1.62	3.20 ±1.65	－0.30 ±2.33	－0.90 ±2.24	7.50 ±0.89	4.60 ±1.30	－3.10 ±2.09	－0.30 ±2.06
Chances in 100	66	90	53	61	100	99	84	54

表3.8　朗读与默读男女速率成绩统计二（答对问题百分数）

统计常数		年级							
		五上		五下		六上		六下	
		朗读	默读	朗读	默读	朗读	默读	朗读	默读
Md± P.E. M	男	80.40 ±1.16	76.80 ±1.54	80.80 ±1.22	80.00 ±1.23	85.40 ±0.92	85.40 ±0.85	85.90 ±0.89	84.40 ±1.19
	女	78.80 ±1.24	78.00 ±1.15	79.20 ±1.69	79.10 ±1.46	85.40 ±0.76	84.20 ±0.78	83.60 ±1.50	88.40 ±1.12
Md± P.E. Md	男	80.43 ±1.45	80.83 ±1.93	84.48 ±1.53	82.15 ±1.54	90.00 ±1.15	91.07 ±1.07	84.41 ±1.14	88.50 ±1.48
	女	82.22 ±1.58	83.08 ±1.44	83.67 ±2.12	81.92 ±1.84	89.16 ±0.95	84.09 ±0.98	87.50 ±1.88	88.87 ±1.47
Diff		1.60 ±1.70	－1.20 ±1.92	1.60 ±2.08	0.90 ±1.90	0.00 ±1.19	1.20 ±1.32	2.30 ±1.74	－0.40 ±1.66
Chances in 100		73	66	69	62	50	73	89	56

理解与速率之关系　理解与速率相互之关系，一般人有一种不正确之观念，以为读得快者理解上总不及读得慢者之深切。根据许多学者研究之结果，发现读得快者，亦往往理解程度甚佳。曾有人以每班学生按其阅读速率从最慢到最快分为六等，再求若辈阅读速率与理解之关系。结果发现读得最慢与读得最快者，在速率方面其比率为一与四，在理解方面为一与三又三分之一。贾德（C. D. Judd）氏亦有类似之结论。彼以为善读者（Good reader）未必即是读得慢的读者，转而言之，不善阅读者（Poor reader）往往不是读得快者。惟此非绝对之事实，某些读得好者，亦是读得慢者，但就一般言之，高速度常与好成绩有关，低速度常与不好的成绩有关。

吾人对此问题之分析载在表 3.9，表 3.10 中。就全体看，曲线的相关少，直线的相关多，其情形颇参差而无一致之趋势。大体言之，朗读方面，无论年级高低，理解与速率关系，均较明显；默读方面，在低年级，其关系较浅，高年级则较深。所谓明显深浅者，不过比较言耳，实则均不算深，此种情形颇合事实。因读得太慢者，理解固然不好；读得太快者，理解亦不会好，惟在合理的速率条件下，方能产生最高的理解成绩。故理解与速率之相关，有一定限度，绝不致太高。至在默读方面，低年级速率与理解之关系，为何较浅？高年级为何较深？此或系低年级尚未养成默读习惯，其速率之快慢对理解不甚发生关系，甚至无有关系。高年级则反是，故其相关系数与相关比之数值均较高。

表 3.9　理解与速率之相关统计（一）

类别		年级			
		三上	三下	四上	四下
朗读速率与理解之相关	γ	0.2491 ±0.0633	0.1467 ±0.0660	0.2615 ±0.0628	0.3042 ±0.0612
	ηyx	0.3051 ±0.0612　直	0.2803 ±0.0577　直	0.3076 ±0.0610　直	0.4257 ±0.0552　直
	ηxy	0.3557 ±0.0589　直	0.3887 ±0.0572　曲	0.3050 ±0.0612　直	0.3306 ±0.0601　直
默读速率与理解之相关	γ	0.0472 ±0.0673	0.0944 ±0.0669	0.1584 ±0.0658	0.1817 ±0.0652
	ηyx	0.1955 ±0.0649　直	0.2352 ±0.0637　直	0.2269 ±0.0640　直	0.2266 ±0.0463　直
	ηxy	0.2738 ±0.0624　直	0.3782 ±0.0578　曲	0.3633 ±0.0586　直	0.4100 ±0.0561　曲

注一：表 3.9，3.10 中各班人数均相等

注二：表 3.9，3.10 中：γ＝相关系数

ηyx＝y 在 x 上或速率在理解上之相关比

ηxy＝x 在 y 上或速率在理解上之相关比

注三：相关系数及相关比较之值为 P.E.（机误）

注四：［直］表示其关系为直线性，［曲］表示其关系为曲线性。

表 3.10　理解与速率之相关统计（二）

类别		年级							
		五上		五下		六上		六下	
朗读速率与理解之相关	γ	0.3087 ±0.0610		0.1884 ±0.0651		0.2081 ±0.0645		0.3698 ±0.0582	
	ηyx	0.3835 ±0.057	直	0.3157 ±0.0607	直	0.4103 ±0.0561	曲	0.3827 ±0.0586	直
	ηxy	0.2878 ±0.0681	直	0.3973 ±0.0586	曲	0.3184 ±0.0425	直	0.4004 ±0.0566	直
默读速率与理解之相关	γ	0.2285 ±0.0639		0.2102 ±0.0643		0.2565 ±0.0630		0.4155 ±0.0558	
	ηyx	0.2251 ±0.0640	直	0.4146 ±0.0558	直	0.4057 ±0.0564	曲	0.6971 ±0.0347	曲
	ηxy	0.3740 ±0.0580	直	0.2615 ±0.0628	曲	0.2334 ±0.0638	直	0.5333 ±0.0482	直

　　在吾人此次研究中，各测验表示信度之自身相关，（系以速率成绩计算而得），最低者为 0.61，最高者为 0.91，大都在 0.80 左右，应用校正公式（Brown's Formula）以后，最低者仅 0.76 一数，其他均环绕 0.90 左右，最高达 0.95，已颇令人满意。就效度（系以速率成绩与学校国语月考成绩计算而得之相关）方面看，各班人数除四上为 98 人外，各班均为 100 人，以零级相关言，朗读与默读之相关（γ_{12}）较高，朗读或默读单独与学校成绩之相关（γ_{12} 及 γ_{23}）均较低，在前项中最小者为 0.52，最大者为 0.76，大多数介于 0.60 与 0.70 之间；在后项中最小者为 0.21，最大者为 0.47，大多数介于 0.30 与 0.40 之

间，若以朗读默读与学校成绩三者合并而求其多数相关（$R_{3,12}$），则除五下（0.29）六下（0.28）两数仍显较低外，其他各数均近于 0.40，此其相关已不为低矣。总之，此次测验，信度既已可靠，而效度又无问题，似已甚为显然。

至阅读活动，吾人亦曾加注意，结果发现不必要之活动（不正确之姿态），大致均能随年级而逐渐减少。阅读完全正确者，则渐随年级而加多。在三上只有五人在朗读与默读上完全正确，至六下则增至七十八人之多，此确为一大进步，教育效果于此可见。惟吾人又发现别一事实，从四下五上阅读完全正确之人数看，前者为48，后者为32。即以四下之48人而论尚不及全班人数之半，若以五上之32人而言则仅及全班人数三分之一。此即表明四上五下学生，大多数在阅读方面犹有毛病，正确习惯尚未养成。再分别比较言之，默读上毛病多于朗读。以此足见国民小学四年毕业之学生，大部分未能养成默读习惯。彼等在社会上与人相处，日常看报看广告，看布告，甚至于看信时，均不免朗读，此确为一严重问题，值得注意。

第四节　结论与建议

根据上述各种分析，吾人可作如下结论：

1. 就朗读与默读分别言，在速率方面，无论朗读默读，尚能随年级而逐渐增进，即年级愈高读的愈快。在理解方面，其情形较为参差，不若速率方面之统一。大体言之，在应用测验材料相同之班级中，尚能表现随年级而增进之趋势。

2. 就朗读与默读比较言，在速率上，默读快于朗读（各班皆然），惟其情形不甚显明，至五年级以后始能看出其显明之差异。在理解方面，朗读在低年级较占优势，年级愈高，其优势愈减，而默读之成绩则愈见进步，至六下则朗读与默读在理解上完全相等，且默读成绩似有逐渐转优之趋势。

3. 就各班程度差异的情形言，在速率上，朗读较默读之程度整齐，而朗读随年级而愈整齐，默读随年级而愈参差。在理解上，朗读与默读无显著之差异，二者均能随年级而渐趋整齐。换言之，即年级愈高而程度愈齐。

4. 就男女两性阅读成绩比较言，无论朗读默读，理解速率，各年级均无明显差异。大体言之，男女生各有优劣处，则谓其无甚差异可言。倘使男女两性在阅读上确有差异，是必由于环境影响所致。

5. 就速率与理解之关系言，在相关系数上，其情形颇为参差，无一致之趋势。大体言之，朗读理解与速率之关系，在各年级中，均较显明。默读方面，低年级相关较浅，高年级较深。此亦不过比较言之耳。实则理解与速率之关系，似有一定限度，读的太快太慢，皆不会有好理解，惟在合理的速率下，始能产生最高之理解成绩。

6. 就本研究所用测验之信度与效度言，在信度方面以各测验速率成绩之自身相关表示之，其实得相关系数最小者为 0.64，最大者为 0.91，大多数集中于 0.80 左右，应用校正公式以后，最小者仅为 0.76 一数，其他均环绕于 0.90，最大者达 0.95。在效度方面，以朗读默读与学校国语成绩三者之交互相关表示之，其最后结果，大都近于 0.40。

7. 就阅读活动之分析考察言，无论朗读默读，阅读时不必要之活动（如朗读时之高声唱诵手指课文，默读时低声私语无声唇动），大致均能随年级而逐渐减少，阅读完全正确之人数，亦能随年级而逐渐加多。

8. 就全部结论言，默读速率大于朗读，在中国儿童之阅读中，大体尚能符合事实，惟各年级间差异甚大，以三四年级而言，其差别不甚明显，自五年级以后，开始表现进步之趋势。理解方面，至六下默读方行转优。默读教学之被忽视，于此可见。至朗读情形，似亦未臻完善，需要改革之处尚多，此项意见，下文将分别讨论，兹不赘。

根据吾人结论，仅作下列建议，以供有关方面之参考。

1. **关于默读教学者**　吾人认为目前我国小学生默读能力太差，尤以低年级为甚。默读习惯之养成过迟，其效率距预期结果过远。小学四年毕业学生，大多不能运用默读，实为教育上一大损失。此并非教学本身力量不够，不足以在四年内养成默读能力，乃因吾人一向未曾注意及此。据吾人所知，国语教学中运用默读法之学校，虽亦有之，但系绝对少数。学生默读习惯，大都顺其自然发展，逐渐摸索，慢慢养成，并未得到若何指导。以致在速率方面，既与国外 Oberholtzer 氏研究所得结果相差甚远，且较国内龚启昌氏研究结果颇有逊色，尤以低年级为甚。在理解方面，前人研究多已证明默读之理解高于朗读，而吾人此次发现之结果，至六下方能相等。凡此皆由于默读习惯养成太晚，或未臻熟练，以故未能达到教育上之预期效果。

默读为一种极经济的学习法，在实用上有其特殊价值，故吾人认为默读教学亟应提倡，普遍施行，未可再加忽视。

2. **关于朗读教学者** 一般人以为默读教学若有问题，尚属可能。至朗读教学一向为学校所重视，如言再有问题，未必合乎事实。但据吾人实际深入学校数日所得之经验，认为朗读教学有重新考虑之必要。今日一般学校之朗读情形，大都为教员讲一句，学生跟着读一句，或者全班同声朗诵，将课文从头至尾一气呵成，此乃吾人目睹耳闻者。且有若干学校从上课到下课为止，一直采用此种方式。吾人始终未能发现此种方法在理论上之根据与夫实际上之益处。充其量可言其能在一二年级引起儿童兴趣而已。然亦未可以调整整个教学时间浪费于此种无用之活动上，若谓诗歌以及有声调美之文字，必须借助于音调的读法方能尽情体味，但亦绝非一班数十人循声齐读，即为能事。循声齐读，既不是谐乐大合唱，焉能发生欣赏与抒情之价值。故吾人认为循声齐读，除在初学之一二年级中稍有益处外，其他各年级绝无用处，应当废止。

吾人亲自遇见有儿童朗读吾人测验文字时，声音既小，满脸通红，读一句望旁人一眼，读完两类测验，急得满头大汗。但回入同学群中，依旧活泼异常。当彼等在班上循声诵读时，谅亦读得甚好，然而此有何效用！至儿童朗诵时，拉腔扯调极不自然，更所常见，总之，循声齐读必须废止。除诗歌韵文，非应用有声调之朗读不可时，其他小学朗读教学应一律采用说话式，使其与实际生活接近，此即是说，一篇讲演文，即应用讲演之声调读，一篇故事文即应用说故事的口气讲，一篇报告即应用报告之方式读，朗读教学所以重要，其基本原因亦就在此。

3. **关于测验之应用者**　小学知识教育之主要任务，在培养阅读能力。若此种能力不能养成，则一切知识之获得，均异常困难。著者希望小学教育界能广泛应用朗读与默读测验，随时考核儿童阅读成绩，以为改进阅读教学之依据。且此种测验，可作小学教学视导之基本工具。果能广泛应用此种测验，则阅读教学上庶几可以收事半功倍之效。著者深见今日小学教育之弊端病源，时不胜其忧惶云尔。

主要参考书

Cole，L. *Psychology of the Elementary School Subjects*. Farrar & Rinehart Inc. .

Huey，E. B. *The Psychology and Pedagogy of Reading*. The Macmillan Co. .

Gray，W. S. *Improving Instruction in Reading*. The University of Chicago.

汝若愚、闵燦西：《国语朗读与默读之比较研究》，《教育心理学研究》二卷一二期合刊，中国教育心理研究所。（全文为汝、闵二君在中央大学研究院已通过之硕士论文）

第四章　默读练习之进展

第一节　导言

根据第三章中各测验研究结果，著者已反复说明默读之重要性，并强调吾人在小学教学上须特别注意儿童此种习惯能力之训练与培养。惟在学校的普通教学之外，施行一种有意之练习，其在理解与速率方面之进步情形如何，国外虽已有若干研究能予吾人正确答复，国内迄无科学的研究结果可以相与印证。吾人乃着手本研究之进行，从三十二年夏季开始设计至三十三年夏季完成，为时一年，其目的在探讨下列诸问题：

1. 默读能力经过有意之练习以后，在理解与速率方面是否均有进步？能与国外研究所发现之情形相符合否？

2. 若有进步，其在小学低年级与高年级中，以何者为较佳？

3. 默读练习进步与智力及阅读能力，有何关系？

4. 默读练习进步，男女生有无差别？

5. 默读练习进步中，速率与理解之关系如何？

第二节　国外类似研究述要

关于理解训练之实验　亚德门（Alderman）于 1926 年以小学四年级至八年级学生 3201 人，依据各生测验（用 Thorndike McCall Reading Scale Form I）所得分数，分为能力相等之两组，一为训练组，一为控制组。前者就字汇，组句及记忆加以练习，以求理解之增进。后者则用传统的教学法，教授读法。六星期后全体受 Thorndike McCall Reading Scale Form Ⅲ（桑麦读法量表之三）测验，发现训练组平均增进 5.87T 分，控制组仅增进 2.75T 分，后又就十一个学校六到八各年级学生 1933 人继续下去，全体受训，结果有 1409 人在理解上显示进步，122人不进不退，402 人阅读能力稍有退步，上项实验历时一学期，每日练习三十分钟。

麦卡第（McCarty）曾就中学九、十两级学生作一实验，依照年龄，智力，性别，年级，理解分数，将学生分为相等之两组，一组授以特殊阅读练习每日一小时，共计四十八次。另一组照旧进行正规的学习。前者练习所注重为，求取每文之中心思想，寻出形容字句及描写字句，作摘要，理解卡通，略读以求普通知识，阅读以寻找错误不全之字句及误拼的字，阅读以回答思考的问题。在此练习期中，每日施行测验，当实验开始时，举行一次爱俄瓦默读测验（Iowa Silent Reading Test），结束时又举行一次，以测量理解之进步，结果发现两组均有进步，练习组末次测验平均分数为 136.9，另一组则为 122.4，此二均数相差为 14.5，仅大于标准差 1.4 倍，故练习组之比较进步，在统计上不甚显著，虽然其进步确较为快。

普通所谓阅读（Reading）之训练，皆系指默读活动而言。此外，类似之实验甚多，不及一一列举，总之：皆表示默读之理解能力，可因特殊之练习而增进。

关于速率联系之实验　俄布林（Obrien）曾于 1921 年，就美国伊里诺（Illinois）省二十个学校，四到八各年级共四十班学生，加以实验。首将每班学生分为能力相同之两组（以测验所得分数为标准），一加练习，一组则否。练习组所练习者为（一）说明速度优点，促各生努力增进，每读二到四分钟，即记录各生所读字数，记录后又读。每日各生记录均使之知悉。（二）减少发音。（三）短示习题（Short exposure）后附有速读练习，经过三十九日之后，练习组进步较多百分之三十一。

彼德士（Peters）就三到六各年级学生一百八十人，分为能力相等两组，两组所用的读法教学方法相同，阅读时间亦复相等，惟其中有一组，每日在阅读过程中有五十分钟的特殊速率练习，历时一学年，结果发现受特殊练习之一组，在速率上进步较多百分之十八点七。

尚有若干实验，此处不拟详述，但综言其结论曰：默读速率可因有意之练习或特殊训练而增进。

根据上述国外类似之一般研究结果，吾人可得下述要点：

一、不论教育程度如何，阅读速率与理解，可因训练而进步，惟后者不如前者之显著而已。

二、进步之多少，因训练时间与方式而异，一般言之，训练总为有益，殆无疑义。

第三节　实验之准备与进行

吾人之研究两部分，一为理解训练之研究，系就国立中央大学与重庆大学合办之附属小学举行者；一为速率练习之研究系就中央大学教育研究所教育心理学部实验中学班初一下举行者。二者本不能分开列论，因仅有速率而无理解，即不成其为阅读，专重理解而不顾到速率，则理解亦已失其意义，故吾人作理解实验时，各项测验均严守原定时间，做速率实验时并让学生回答问题，使二者不致孤立。兹为叙述方便起见，就其准备与进行经过分别言之如后。

关于默读理解训练者　参加实验之小学生，计三班，九十六人。其中六下上学生二十六人，全部受控制，在实验开始时举行一次智力测验，后又举行首，中，末三次国语默读测验，即算完事。又五上学生三十四人，根据智力测验及国语默读测验，分为能力相等之两组，一加控制，一加训练，前者再经中末两次默读测验，后者每周加以两次阅读练习，每次三十分钟，六次后举行中次默读测验，再练习六次后，举行最后一次默读测验，以所得结果与前者相比较。四上学生三十四人，全班加以训练，法与五上之训练组同。

各班所用之智力测验，系采艾氏修订之宾特勒儿童智慧测验第一类，六上各次测验，系采艾氏小学国语默读测验高组一、二、三三类。由常模来看，第一，第三两类难度相等，可视为复份，第二类较难。五上与四上所采用者，为艾氏小学国语默读测验中组一、二、三三类，其第一第三两类亦难度相等，可视为复份，而第二类亦较难。此组测验，本不适用于五上，为求便于比较四上与五上之进步情形起见，姑暂用之，以其就整个趋势而论，并无若何妨碍。

至练习所用材料，四上与五上亦全部相同，此种材料，原拟重新编印，以需费过巨未果。乃改用艾氏小学国语默读测验高组一二三各类文章，每类文章分作二次练习，共计六次，另用艾氏中学文白理解力测验量表乙中之白话文三篇（美国人的母亲日，兵，体操）再选白话文三篇（胡愈之译：《这样的世界》，蒋百里译：《冒险的李夫》，落霞：《一个自己作成的人》），每篇作一次练习，合计六次，默读测验为横行字，所选六篇，亦拟横印，但为工友排成直行，不得已而在练习时横直两种，交替使用，以免影响练习结果。

在第一次练习时，说明默读之重要，读时不出声，只注意了解文中意义，阅读时间尽量充分，读完，即令其回答文尾所附印之几个四答选一的问题。不会答之问题，可提出来由主试解释其疑惑之处，再令其重读问题有关之一段文章，重新作答，至全班学生答完为止，练习即告一结束。至正式测验，则不予学生任何暗示或解释，而时间亦有限制。或以为此种练习，颇使学生愈为熟悉测验手续，致有影响正式测验结果之可能；实则不然，因控制组先后亦曾经过四次测验，对于测验手续亦颇为熟习也。

关于默读速率练习者　参加实验者为初中一下学生三十二人，依据艾氏中学国文默读测验量表丙一二两类之测验及国语默读速率测验结果，分为能力相等之两组，其一组，每日练习阅读一篇文章，共练习十二次，最后举行一次速率测验，确定其进步程度，另一组不加练习，惟亦与前一组同时举行最后一次速率测验，以观进步之状况。

速率练习系个别进行，先说明朗读与默读不同之处，并举出默读优点，默读时不仅要快，而且要多理解。乃逐一令学生默读预备之文章一篇，记载所需时间，于读毕时令其答复五个四答选一的问题，答时不得重看才经读过之文章。按此手续进行，直至全组做完为止。

首末两次速率测验，系采用艾氏中学文白测量表乙中之两篇白话文作材料。练习材料，则除"兵"一文采自中学文白测验量表外，其余十一篇则选自初中国文教本。

第四节　实验结果分析之一：有关理解练习者

练习之效果　根据实验结果，吾人发现有意之练习，在理解能力上影响甚为明显，即经过特殊练习者，其理解能力者皆表示显著进步，否则，便无此现象，兹就六上五上四上各班成绩分别言之：

六上学生二十六人，均受控制，其参加首、中、末三次国语默读测验者计二十二人，统计所得分数，发现无所进步，一观下表，更觉显然。

表 4.1 六上学生（全班控制）三次测验分数之统计

	首次测验	中次测验	末次测验
$M \pm \sigma av$	83.27 ± 2.41	80.36 ± 2.26	84.64 ± 2.33
$Md \pm \sigma mdn$	84.00 ± 3.01	84.00 ± 2.82	89.00 ± 2.00
$\sigma \pm \sigma\sigma$	11.31 ± 1.71	10.59 ± 1.69	10.87 ± 1.64
Q_1	71	69	74
Q_3	92	90	94
Q	10.5	10.5	10
Range	46（52—98）	44（52—96）	38（58—96）
V	13.58	13.18	12.84

$M_1 - M_2 = -2.91 \pm 3.29$

$M_1 - M_3 = 1.35 \pm 3.35$

$M_2 - M_3 = 3.28 \pm 3.24$

注：M_1、M_2、M_3 表示首中末三次测验之均数

五上学生三十四人，分为两组，每组中各有一人成绩不全，故每组实为十六人。由成绩统计上看出训练组有可靠之进步，另一组则否，详见下表。

表 4.2 五上之训练组及控制组三次测验分数之比较统计

	首次实验		中次实验		末次实验	
	训练组	控制组	训练组	控制组	训练组	控制组
$M \pm \sigma av$	88.37 ± 1.61	85.38 ± 2.48	87.25 ± 1.87	87.12 ± 2.92	93.88 ± 0.86	86.88 ± 2.55
Md $\pm \sigma mdn$	89.00 ± 2.07	89.00 ± 3.09	88.00 ± 2.38	87.00 ± 3.65	96.00 ± 1.07	90.00 ± 3.18

续表

	首次实验		中次实验		末次实验	
	训练组	控制组	训练组	控制组	训练组	控制组
$\sigma \pm \sigma\sigma$	6.43 ±1.14	9.90 ±1.75	7.46 ±1.32	11.6 ±2.07	3.42 ±0.60	10.19 ±1.80
Q_1	84	78	84	70	92	84
Q_3	92	92	92	96	96	92
Q	4	7	4	13	2	4
Range	30（71—100）	34（66—100）	28（70—98）	34（66—100）	12（86—98）	34（66—100）
V	7.25	11.58	8055	13.42	3.64	11.73

训练组　$M_1 - M_2 = -0.92 \pm 2.45$　　控制组　$M_1 - M_2 = 1.30 \pm 1.72 \pm 3.32$

　　　　　$M_1 - M_3 = 5.51 \pm 1.82$　　　　　　　$M - M_3 = 1.30 \pm 7.41$

　　　　　$M_2 - M_3 = 6.63 \pm 2.07$　　　　　　　$M_2 - M_3 = -0.24 \pm 3.89$

　　表 4.1 中六上学生全班受控制，其在分数上无显著进步，按小学国语默读测验高组一二三类之常模为 82.55 ± 0.31，78.70 ± 0.34，82.00 ± 0.37。六上成绩三次测验均较常模略高，惟其大略情形仍保持第二类分数稍低，第一二两类相差无几之趋势。是乃表示可靠之进步也。表 4.2 中，五上训练组各项分数，表现十分显明之进步。控制组则否。按小学国语默读测验中组一二三类，由常模上看，第二类较难，第一第二两类相等。五上之练习组，其一二两类（即首中两次测验所用者）之平均分数，已甚接近，而第三类（即末次测验所用者）更特高，一三两类（即首末两次测验所用者）平均分数之差为 5.51，其标

准误（σdiff）为 1.82，依据统计学上量数可靠性之公式 $\dfrac{D}{\sigma_{diff}}$，所得数值若为 3，即表示完全可靠，较 3 大者即为加多之可靠性。今 $\dfrac{5.51}{1.82}=3.03$，其有可靠之进步无疑。再看二三类（中末测验）之变动，更为明显，差数为 6.63，差数之标准误为 2.07，套入公式，得 $\dfrac{6.63}{2.07}=3.20$，故知进步之可靠性更大。若再就中数，下四分点，上四分点看，均逐次递增，而标准差，二十五分差 Q，全距（Range 亦称两级差），差异系数等数值，均逐次递减，皆为练习之进步表示。

四上三十四人，全部受训练，其进步现象，有如下表所示：

表 4.3　四上（全班受训练）学生三次测验分数之统计

	首次测验	中次测验	末次测验
M±σav	72.82±1.24	66.00±1.60	81.26±0.91
Md±σmdn	76.00±3.07	65.00±2.82	82.00±2.26
σ±σσ	14.30±1.73	18.76±2.28	10.52±1.28
Q_1	60	57	76
Q_3	83	80	89
Q	11.5	11.5	605
Range	52（44—96）	72（24—96）	12（56—98）
V	19.63	28.42	12.82

$M_1-M_2=-6.82\pm2.04$　　$M_1-M_3=8.44\pm1.54$　　$M_2-M_3=15.26\pm1.85$

　　按小学国语默读测验中组四上一二三类之常模，为 $77.86\pm$ 0.37，73.85 ± 0.47，76.87 ± 0.43。亦为一三两类难度略相近，而第二类较难，然在上表中四上学生首末两次测验所得之平均分数相差为 8.44，而此差数之标准误为 1.54，代入公式，得 $\frac{8.44}{1.54}=5.47$，中末两次测验平均分数之差为 15.26，其标准误为 18.5，代入公式，得 $\frac{15.26}{18.5}=8.25$。由此可见进步可靠性非常高。此外，中数，上四分点，下四分点，均有显著之增进，而各种差数（如标准差，差异系数等），均呈递次减少之势，是乃练习进步之明证。

　　四上与五上训练组进步之比较　由上述各点，已足见四上（全班受训练）之进步较五上训练组更为明显。就进步之百分数言，亦以四上为优，四上之进步为 12％，而五上训练组为 6％，恰多一倍。就均数言，五上训练组与四上之首次测验之平均分数相差为 15.55，而二者在末次测验之相差减少至 12.62，即表示四上之进步较五上训练组多 2.93，再就五上控制组与四上比较之，首次测验相差为 12.56，末次则为 5.62，即表示四上进步较五上控制组多 6.94，五上训练组与控制组，首次测验相差为 2.90，末次相差为 7.00，表示练习结果进步 4.10。凡此数字，均证明四上受训练以后，其进步较五上训练组为多，表中可见四上经十二次练习后，其末次测验分数已接近五上控制组之成绩矣。

　　依据上述情形，可见默读之练习，宜在较低之年级开始为佳。故小学中引导儿童由朗读进于默读，似应从早开始。但究宜从何时开始，尚待研究，惟据第三章所发现之结果，小学二年级已可开始。

性别差异 默读理解训练，在进步上有无性别差异，吾人亦曾加注意，已有之研究结果，多表示语言方面之能力，一般以女生为优，阅读之理解分数，则以男生较高，吾人实验中之情形，亦以女生占优势，详见下表：

表 4.4 五上训练组男女生首末测验分数之统计

	首次测验		末次测验	
	男生	女生	男生	女生
$M \pm \sigma av$	88.89±3.18	87.91±1.24	93.11±1.45	94.86±0.68
$Md \pm \sigma mdn$	92.00±3.25	88.00±1.55	96.00±1.81	96.00±0.83
$\sigma \pm \sigma \sigma$	9.55±3.25	3.28±0.87	4.35±1.03	1.80±0.49
Q_1	83	84	89	92
Q_3	96	90	97	96
Q	6.5	3	4.35	2
Range	30（70—100）	10（80—92）	12（86—98）	4（92—96）
V	10.74	3.73	4.67	1.81

上表中各项数字，均以女生较占优势，男生首末两次测验均数之差为 4.22，进步 4.7%，女孩首末两次测验均数之差为 6.95，进步为 8%，其他中数，下四分点，上四分点之进步，亦以女生较高；至各项表示差异之离中量数，则以女生较小，女生变量小为一般研究之结论。在首次测验中，男生在均数上较女生多 0.98，而末次测验中则女生较多 1.75，合计女生进步较

多 2.73，再看男女生末次测验之标准误为 1.60，故男女生进步之差数应为 2.73±1.60，此数字在统计学上则不算十分显著。

四上学生三十四人，男生十五人，女生十九，其一般情形，亦与五上训练组同。男生首末两次测验均数差为 8.00，进步 10.9％，女生均数差为 8.21，进步 11.3％，其他各集中量数之进步，均以女略优，离中量数则以女较小，但男女之均数差为 0.11±3.92，并无显著差异，如下表所示：

表 4.5　四上男女生首末测验分数之统计

	首次测验		末次测验	
	男生	女生	男生	女生
M±σav	72.80±4.42	72.84±2.82	80.80±3.39	81.06±1.97
Md±σmdn	78.00±5.49	74.00±3.54	82.00±4.21	84.00±2.46
σ±$\sigma\sigma$	17.12±3.13	12.35±2.00	13.12±2.40	8.75±1.39
Q_1	56	64	76	76
Q_3	88	82	91	88
Q	16	9	7.5	6
Range	50（44－94）	42（34－96）	42（56－98）	28（64－92）
V	23.52	16.95	16.24	10.57

默读能力与理解练习之进步　默读能力本来较高之学生，经过练习后，其进步是否亦较高？吾人所得答案为否定之答案，即原来默读能力高者，其进步反不如能力低者多。五上训练组十六人，首次之默读测验分数（原有默读能力）与其首末次两次测验分数差数（进步之分数）之比较，其相关竟达－0.99±

0.003，几乎负相关。此种默读分数高者进步少，低者进步多之现象，有三个可能解释：（一）默读能力高者，对此实验不感兴趣，低者则颇感新奇有趣，因而集中注意，努力练习，进步故多。（二）测验本身的难度不能与学生程度相适合，即其鉴别力不够，能力高者无由充分表现其能力。因五上所用测验为小学国语默读测验中组，原为四年级之用而编者。材料似较易，程度高者每图其所难而忽其所易，因之进步较少，根据他方面研究，此理由似尚可成立。（三）默读分数高之学生，已达于进步极限，因之进步可能性甚小，此一解释亦与事实不合，因五年级学生，其默读理解力似不能断言已达极限。故此三种解释，以第二个解释之可能性为最大，于此，亦可证明兴趣与努力在学习上具有甚大之价值无疑。

又上列各表中下四分点之进步，均较上四分点为多，此亦表示默读能力原来较低者，其进步反而较多之趋势。

默读能力与智力　智力与默读能力，相关甚高。赤鲁（True）所得结果为 0.50，马德森（Madsen）所得者为 0.53，赛森（Theisen）所得为 0.44，海义士（Henes）所得者为 0.68，其他研究尚多，不及详载。吾人所得结果，亦有智力高之儿童理解能力亦高之趋势，惟受试人数过少，此种趋势并不如何明显而已。五上训练组十六人，智力测验分数与默读测验分数之相关为 0.06±0.17，四上三十人的相关稍高为 0.27±0.11。著者在江、浙、鄂、黔、蜀五省小学教育测量中，所发现结果，默读测验分数与智力相关为 0.749±0.044。人数愈增，则相关系数亦随而加大。

至智力与默读理解练习进步之相关，在五上为－0.17±0.12，微乎其微，而在四上一班中，则表现甚明显之相关，其数值为0.31±0.11。亦是人数愈多，则其相关愈增高。聪明儿童在学习上，始终占优势。

默读活动之观察　各年级儿童默读活动不尽相同，四上尚有一部分儿童未养成默读习惯，默读时低声朗诵，或手指课文逐字默读，或作无声之唇动。一般言之，四上儿童读得较慢而理解少，默读活动亦不能持久，注意不易集中，时间稍久即表示兴趣减少，课堂易陷于嘈杂纷扰状态。在默读练习之过程中，四上学生最先表示不高兴，厌恶此种与正课无关之活动。五上较好，能安定持久，做得较快，对测验方法之说明，亦较易于了解。六上默读习惯，大部养成，彼等之安定迅速敏捷，稳扎稳打情态，较五上又进一层。各班相差仅一学年，而其在阅读活动上差异之大，实足惊人。

吾人实验所用测验，均为著者所编造而应用已久者。其信度效度皆属极高，不再详为讨论。

第五节　实验结果分析之二：有关速率练习者

练习的效果　前已言及，吾人曾就中大实验中学初中一下学生三十二人，进行练习速率之实验，先以之分为训练组与控制组两组，再就训练组加以特殊练习。控制组首次速率测验之平均分数为每秒4.60字，末次测验则为4.21字，不但无进步，反而退步0.39字。训练组经过十四次练习后，其首末两次测验平均分数之差为0.60字，即表示每秒平均能多读0.60。但此二平均数之标准误为 0.41，代入公式，得 $\frac{0.60}{0.41} = 1.46$，其可靠性不大，若练习次数加多，则此项数字之进步表示，将愈趋明显，兹将统计结果，列表于下（表 4.6）。

　　下表（表 4.6）中各项集中量数均有明显之进步表现，离中量数之变动较不一致。上四分点上进步较大，此即表示原来速率较快之学生，其进步亦较多，殊与理解练习之进步情形相反。

　　理解与速率　阅读理解与速率之相关，前章已详言之，兹就初中一下所实验获得之结果，表之如下（表 4.7），以为比较。

表 4.6　初中一下默读速率首末测验分数之统计

	首次测验	末次测验
$M \pm \sigma av$	4.89±0.41	5.49±0.06
$Md \pm \sigma mdn$	4.78±0.52	5.01±0.76
$\sigma \pm \sigma\sigma$	1.59±0.29	2.21±0.40
Q_1	4.20	4.44
Q_3	5.60	7.90
Q	0.70	1.23
Range	6.92（3.17—10.09）	7.03（4.06—11.09）
V	32.52	40.25

表 4.7　初中一下默读练习各次测验中速率与理解分数

次数	1	2	3	4	5	6	7	8	9	10	11	12	13	14
理解	454	684	708	689	864	1077	1226	1362	1542	755	1174	1329	604	711

续表

次数	1	2	3	4	5	6	7	8	9	10	11	12	13	14
成绩	4.89	4.74	5.58	4.85	5.32	5.82	5.42	5.43	5.66	4.61	5.98	6.09	5.46	5.49
速率	3.33	3.46	4.36	4.07	3.93	4.53	4.69	3.13	3.33	3.73	4.27	4.43	4.27	3.27

统计结果，首次测验中理解速率相关为 0.42±0.15，末次测验中相关为 0.19±0.17，十四次测验合计理速之相关为 0.34±0.15，可见二者正相关之高。即表示读得快者理解亦多。此与早年金氏（King）等多人研究相符。著者过去研究我国中学生文言白话之能力时，亦发现初中生在白话文方面之理解与速率之相关为 0.31。

速率练习之进步趋势　根据速率练习进步数字，可作一图，以便易于察见其进步上之一般情形，为作图方便计，每连续两点并为一点，作好后，再加修匀，得下图（图 4.1）。

下图中曲线与一般的学习曲线之趋势，颇为一致，最初进步较快，中间进步较少，其后又有进步。

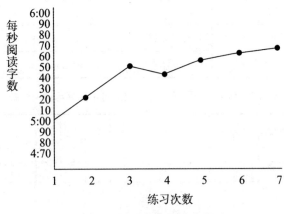

图 4.1　默读速率进步曲线

吾人此次实验中，首末两次测验材料，虽采自中学文白测验，但在本实验中，系单独应用，其信度效度如何，尚难推测，首末两次测验，理解分数之相关甚高，其数为 0.65±0.10，速率则较为参差，其相关为 0.19±0.17，前三次与后三次练习速率分数平均相关为 0.16±0.13，由此等相关数字上看，所用测验尚有相当可靠性，但不甚高而已。

第六节　总结并建议

在此研究中，默读理解练习与速率练习，系就小学中学分别举行者。以年级之不同，不能作对等之比较，但就学习进程上言，吾人已可得若干结论，兹条举之：

1. 默读能力，在理解与速率方面，均可因有意之练习而生显明可靠之进步。此与数十年来国外专家研究结果，颇为一致。

2. 默读理解练习之进步，四上较五上为佳，就进步之百分数而言，四上进步约多一倍，成 12％与 6％之比。

3. 就男女差异言，在理解练习进步上，女生略占优势，此种趋势，以离中量数较明显，若就均数言，在五上尚略有差异，而四上则不见有可靠之差异。

4. 默读能力高者经过练习后，其进步较少，而默读能力较低者反有较多之进步，此或系由于兴趣好而努力学习之结果。

5. 智力与阅读理解力有相当高之正相关，其与理解练习的进步之相关亦然。此即表示聪明之儿童对于读物之理解较多，经过有意练习后进步亦较多。

6. 默读速率练习方面，虽亦有进步，但在统计上，不甚明显，国外研究亦同此趋势，彼此所发现者或均系事实也。

7. 吾人此次实验中，显示理解与速率间有显明之正相关，二者在练习进步上亦然。

吾人此次实验所用之材料全为白话文，至文言文方面情形是否亦复如此，尚待继续研究。又实验中速率练习进步之可靠性，尚不甚高，或系由于练习时间太短之故，似宜续加研究，探其须练习多少时间以后，方有可靠之进步。男女两性，在阅读能力发展上有无差异，此次实验中尚不能明白看出，亦可加多人数广做实验以决定之。

根据实验结果，吾人已知默读能力可因有意之练习而进步，且低年级之进步较高年级为多，今后我国小学国语教学上，似应从早开始养成儿童默读之习惯，并注意增进其阅读之速度与读物内容之理解。

主要参考书

Cole，L. *Psychology of the Elementary School Subjects.* Farrar & Rinehart Inc.

Gray，W S. *Summary of Investigations Relating to Reading*. Chicago University.

Buswell，G T. *Fundamental Reading Habits*. Chicago University.

卢濬：国语默读练习进步之实验研究（纲要），《教育心理研究》二卷三期四合刊（原来论文为中央大学研究院已通过之硕士论文）。

第五章　默读能力之测量

第一节　编造测量之经过

根据以上各章所述，吾人已知默读能力之重要，并知其与练习或训练之关系及其进展情形。惟对于各儿童已有之默读能力，为量几何？尚无一标准工具，用以测定。吾人乃着手编造小学国语默读测验，专以测量儿童之默读能力。

此种测验共有十类，分低、中、高三组，其内低组三类，中组三类，高组四类。分组办法，原拟依照学校低中高各年级之一贯方式，加以区分，后觉小学一年级学生识字不多，对于文字之理解测验，尚未能应付裕如，乃将一年级舍去，以二上二下三上为低组，三下四上四下为中组，五上五下六上六下为高组。因此本测验之应用范围，从二上起至六下为止。一年级不能应用。至一年级一下儿童，另有低级默读测验一种，俟二十五节详述。

材料来源　关于测验材料之选择，亦有一定范围。兹分三点述之如次：

（一）儿童通讯材料　中央大学实验学校小学部，平时与各省市儿童互相通讯，收集信稿甚多。吾人乃就赣、鄂、皖、湘四省儿童通讯材料中选取一部分，作为本测验之材料。

（二）国语读本　根据下述常用之国语教科书，挑选其合适之材料。

1.《复兴国语教科书》（初级）　沈百英等　商务版　22年

2.《复兴国语教科书》（高级）　丁骏音等　商务版　22年

3.《国语新读本》（高级）（初级）　吴研因　世界版　24，22年

4.《开明国语读本》（高初级）　叶绍钧　开明版　21年

5.《小学国语读本》（高初级）　朱文叔等　中华版　22年

6.《儿童中部国语》（初级）　陈鹤琴　儿童版　23年

7.《高级国语》　徐晋　儿童版　22年

（三）字汇　测验中所用之字，系参考教育部颁行之"小学初级分级暂用字汇"（民国廿四年六月）而定者。在低中两组测验中，尤尽量采用此字汇中所有之单字。

分析与选择　材料范围确定后，即进行分析工作。在儿童通讯材料中，分析结果：（一）低年级以报告本地情形及当地好吃好玩的东西为最普遍，远足报告次之，运动报告又次之。（二）中年级以时事感慨（日本侵略及义勇军奋斗）之材料为最多，救国募金及赈灾等情形次之，报告本地名胜，课外活动等又次之。（三）高年级亦以时事之记述与感慨最多，学校概况报告次之，劳作实习，同学会，本地名胜，灾情风景之描摹等材

料等又次之。

此项材料，大多系原信之复件，内容上似受限制，同时四省儿童发表之程度差异甚大，故虽然低年级有 65 篇，中年级有 116 篇，高年级有 131 篇，而在选材上仍甚感困难。幸所选材料仅为补充之用，材料稍少，亦无妨碍。

关于教科书之分析，吾人亦着重事实之共同性。例如已选用之关于爱迪生发明的故事，曾经分析结果，发现其先后载于下列各书中：

1. 商务《复兴国语》第五册第三课
2. 儿童《中部国语》第四册第五单元第三节
3. 中华《小学国语》第六册第三七至三九课
4. 开明《国语读本》第八册第三十课
5. 世界《国语新读本》第八册第三课

此种材料曾发现于五种教科书，当然最为适用。但此类材料并不甚多。吾人一面固须顾及事实之共同性，一面亦须顾到被选材料不能过少。以是凡发现三次以上者，即归并于一处，以便选用。

分析之后，选择较感困难。因各教科书上之事实虽同，而叙述方法，除少数直接采取他种课本上者之外，却不尽一致，倘吾人采取甲种教科书之叙述，则应用甲种教科书之学生，自占便宜。故吾人竭力设法，使之融贯沟通，务期所选材料中，或甲或乙，兼采并及，无所偏颇。至儿童通讯材料，在叙述上差异更大，只得选取若干段较能代表之文字，加以改编。

第一次选出材料共一百九十篇，每篇字数自十余字至三百余字。至于用字，从二上起至四下止，均系参考部颁初级暂用字汇，不使轶出范围。惟有数字（如土匪之匪字）在字汇上为四年级用者，吾人在二年级中即已用到，无法改换。此外，尚有一部分名词亦间有超出字汇范围之外者。

为求明白起见，兹将选材原则，节述如次：

1. 测验材料，包括故事，时事，通讯及各种叙事文。至诗歌等韵文，因其另具特性，暂不采用。

2. 每组每篇文字之长度，渐次增加。低组自十余字至百字左右，中组字七十余字至二百字左右，高组自二百余字至三百六十余字。

3. 每篇文字，竭力避免片段截取，而必设法使之成为一整段之文字，有头有尾，虽十余字之短篇，亦无例外。

4. 不适宜于小学生阅读之材料，一律舍去。

问题之编制　材料既经选就编妥，则采四答选一编制问题。每篇问题之多少，视其文字之长短，内容之难易而定。编制问题时所依据之原则，录之如下：

1. 每篇文章之问题，须问到全文之主要意义。

2. 每一问题所有之答案，力求简洁。

3. 在低中两组中问题上之文字，尽量使之不超出部颁字汇之外。

4. 问题之答案，尽量避免暗示性。

5. 问题语气，宜使之不与原文一样，以免一查即得，易于作对。

6. 每一问题后之四个答案，尽量使其难易程度相仿佛。

关于答案中所用之文字，有人主张"四个答案之主要字，必须是文章里都有的，或者都是文章里所没有的"。吾人在用字上，甚注意于此项原则。但倘遇困难，亦不勉强为之。因在一二十个字之文章，欲使答案所用字，必须为原文所全有，实非易事。勉强凑合，常使四个答案内容，彼此相差过远，致被试一望便能正确作出，反失测验本意。

复份之编制　本测验在选材时，以每班为单位，从二上至六下，拟分别编为十个测验。后以此种办法，不甚适当，乃采混合编制方法，以每组为单位。各组材料依难度而排列，然后平均选取，分为几类难度相等之测验。每组中之各类测验，应用时可任选一类，因有此复份，以供轮流采用，应用上更为方便。

至各组中各类测验材料之分量，计低组第一类内有短文二十段，第二三类各十八段，每类约九百余字；中组三类各十四段，每类约一千七百余字；高组四类各十段，每类约二千七百字左右。问题数目，低中组每类各五十题，高组各类各四十题，预测后高组每类增十题，其题数与低中组相等。

预测与补充　本测验在编制复份之前，曾以一部分材料在遗族学校（南京）测验，当时为分班测验，所需时间，仅知其大概而不能作最后决定。又本测验之性质为难度测验，理论上不应有任何时间限制。为免少数学生过分拖延时间起见，仍不能不有相当限制。但限制应较宽，使百分之九十以上学生能在规定时间，尝试所有题目。吾人旋编就复份，再于中大实验学校举行预测，以决定所需时间。自二上至六下，每级测验三人，请各国语组老师选择上、中、下三种程度之学生各一人为代表。结果，各被试在各测验中，皆未超出三十五分钟。故本测验各组时限决定为三十五分钟，似亦适当。惟高组尚嫌材料较少，因复就其每类测验增加问题十个，使与低中组相等，如此，在实施与计分上，均较方便矣。

格式之拟制　测验材料及时间均已决定，进而拟制测验卷之格式。经多方考虑结果，低组测验答案以写在测验卷上为好，中高两组则决定采用答案纸办法。即测验之答案不写测验卷上，而另备一答案纸，令被试将正确答案之数目字填入其适当之括弧内。此种办法：（一）可以省纸（使测验卷可经多次应用）；（二）校阅方便；（三）保存便当（答案纸占空间较少，易于保存）。至低组以其年级过低，倘采取答案纸办法，反易招致不必要之错误。

答案纸除备有作答部分外，尚有姓名，性别，年龄，生日，所在学校，年级，学校所在地及测验日期等各项，须被试学生于默读开始前，填写妥当。

第二节　测验之实施

本测验之实施手续，尚须加以叙述。

关于低组测验，吾人于开始之时，宜向儿童作如下之说明：

"今天大家来做读书比赛，大家要用心做。现在先发测验卷子，大家拿到了不要翻开来看，让我来说明。"

"卷子都有了吗？没有的举手，多的送回来！"

"把下面空白的地方填起来。填好了把铅笔放在桌上，手放下去（填空白时，主试可加以相当指导）。”

"大家都填好了吗？现在先看例子：

（一）

哥哥开玩具店，弟弟来买小泥人，妹妹来买小皮球。

1. 开玩具店的是：（1）弟弟　　（2）小泥人　　（3）哥哥
（4）妹妹 ·· （　　）

2. 弟弟买的是：（1）泥人　　（2）皮球　　（3）小狗　　（4）
小猫 ·· （　　）

（二）

草场上有三只羊，两只是黑羊，一只是白羊，白羊是黑羊
的妈妈。

3. 草场上有黑羊：（1）一只　　（2）两只　　（3）三只
（4）四只 ·· （　　）

4. 黑羊的妈妈是：（1）山羊　　（2）老羊　　（3）黑羊
（5）白羊 ·· （　　）

"这里是两段文章，每段下面有两个问题。做的时候，大家
先把文章看一遍，再去答下面的问题。在第一个例子里，开玩
具店的是谁？是第几个？"

"对的！第（3）个是对的，大家把 3 字写在后面的括弧内。
（以下仿此）"

"大家都懂了吗？不懂的，快些问！"

"后面我们有好几篇文章，每篇下面有几个问题，做的时
候，也是先看文章，再答问题，看了一遍不够，可以再看一遍。
不过不要为了一篇文章花费时间太多。回答问题的时候，只要

把对的答案的数目字，填在后面括弧里就是了。"

"大家都懂了吗？预备（举手），翻页！做！"（此段卷子上有）时间到了，就喊："停"把封面翻过来。

"每行最后一人，把测验卷子收来！"

"今天大家做得很好。"

关于中高两组测验，因另有答案纸，在手续上先发答案纸，待被试将答案纸上姓名年龄等各项空白填就后，再发测验卷子，并且说明"这本小册子是阅读用的，请你们不要写字在上面，作答另有答案纸。"其他说明及例子均与低组完全相同。

兹将低中高三组测验，各举一例如下：

（甲）低组测验第二类第七篇：

五月里，农村到处很忙。男的要耕田插秧，女的要养蚕采桑，小孩放学回家，亦要帮着父母做工。

11. 农村里最忙的时候是在：（1）五月　（2）三月　（3）一月　（4）七月 ⋯⋯⋯⋯⋯⋯⋯⋯⋯⋯⋯⋯⋯（　　）

12. 忙的时候，女的要：（1）耕田　（2）洗衣　（3）采桑　（4）烧饭 ⋯⋯⋯⋯⋯⋯⋯⋯⋯⋯⋯⋯⋯⋯⋯（　　）

13. 帮着父母做工的是：（1）小孩　（2）小牛　（3）小狗　（4）小猫 ⋯⋯⋯⋯⋯⋯⋯⋯⋯⋯⋯⋯⋯⋯⋯（　　）

（乙）中组测验第一类第十篇：

牛顿是英国的大科学家。因为专心研究，所以常常闹出许多笑话来。他养着一只大猫，一只小猫，非常疼爱他们，所以跑进跑出，都由他亲自去开门。日子一久他觉得非常不便，就在门上开了两个洞，一个大洞，一个小洞。家里的人问他开两个洞的理由，他说："大洞给大猫进出，小洞给小猫进出。"他们听了，都大笑起来，他才知道做错了。

33. 牛顿是：（1）美国人　（2）法国人　（3）英国人（4）德国人

34. 牛顿有许多：（1）大猫　（2）理由　（3）家人（4）笑话

35. 家里人笑他，是因为：（1）小猫可以走大洞的　（2）小猫不能走大洞的　（3）大猫可以走小洞的　（4）大猫不能走小洞的

（丙）高组测验第三类第四篇：

吴国和越国，是世世相仇的敌国。有一次，两国开战，越兵大败。吴王夫差把越王勾践捉来，叫他割草喂马，做着奴隶的工作，勾践抱着忍辱负重的决心，什么屈辱都忍受。他在吴王那里卑躬屈节的过了三年，吴王见他忠厚无用，便把他释放回来。勾践回国之后，恐怕生活太安乐，会把国耻忘掉，所以特地悬挂着一个苦胆，时时去尝；又在地上铺着一些干薪，夜夜去睡。同时一面严格训练军队，一面努力生产事业。越国的人民，见国王这样的励志刻苦，大家都发奋起来，全国上下，万众一心，拼命地干，足足干了二十年。那时适逢吴王带兵北上，和别国争胜，京都十分空虚。勾践趁此机会，就率领了平日训练好的精兵去打吴国，一路势如破竹，等到吴王赶归，已经来不及了，于是越国就把吴国灭掉。

16. 吴国叫越王：（1）训练军队　（2）带兵北上　（3）励志刻苦　（4）割草喂马

17. 勾践忍辱负重是想：(1) 忠于吴王　　(2) 乘机报仇　(3) 生活安乐　　(4) 忘掉国耻

18. 勾践回越国后的生活：(1) 忠厚无用　　(2) 卑躬屈节　(3) 卧薪尝胆　　(4) 奴隶工作

19. 越国人民一共干了：(1) 五年　　(2) 三年　　(3) 二十年　　(4) 十年

20. 吴国带兵北上，是去：(1) 忍辱负重　　(2) 和别国争胜　(3) 捉拿勾践　　(4) 攻打越国

上举三例，低组测验之问题后皆有空白括弧，以备填写答案数目字之用。中高组则否，因别有答案纸故也。

第三节　结果之统计

著者曾于战前就江浙两省举行大规模之默读测验，并分别求得常模及各测验间之信度。后又就鄂、川、黔作同样之测验。三十一年复就重庆市迁建区举行一次。此次所用测验材料在低组为第二类，在中组为第一类，在高组为第二类。低级测验范围原包括二上二下三上，在实施时二上儿童年纪太小，发问过多，因之所耗时间较预料为久，似此诸多不便，最后决定舍弃。故表 (5.1) 所载，系从二下起，每半个年级间有一均数，是为常模[①]；直至六下为止，所测之人数除六上六下较少外，其余各学期均在三百以上，而二下则有五九六人之多。兹将统计结果列表如下 (表 5.1)。

---

① 限于迁建区，至大规模的另有报告，见《小学儿童能力测量》，商务印书馆。——作者注

　　下表内低中高三组在其本组中各常模呈逐渐增高之趋势，其各个间之差异则逐渐缩小，此种现象在标准差上难以察见，但在差异系数上则甚显著。若与贵州四川两常模比，重庆市迁建区者在二下略高，在三上高于四川低于贵州，在三下低于四川高于贵州。在四上至六下各半年级中，均以迁建区常模为高，此乃大体情形。至此等常模彼此之间相距甚近。倘与江浙两省战前常模较，则此等成绩弗如远甚。

表5.1　默读测验常模

组别	低组		中组			高组			
类别	第二类		第一类			第二类			
年级	二下	三上	三下	四上	四下	五上	五下	六上	六下
人数	590	351	403	379	415	321	377	268	257
$M\pm$ P.E.M	36.03 ±0.55	53.81 ±0.80	40.94 ±0.58	55.63 ±0.75	64.93 ±0.66	47.81 ±0.74	58.47 ±0.64	62.75 ±0.66	72.42 ±0.76
$\sigma\pm$ P.E.σ	19.82 ±0.39	22.15 ±0.56	17.15 ±0.41	21.53 ±0.53	19.25 ±0.47	19.57 ±0.52	18.41 ±0.45	15.94 ±0.46	18.17 ±0.54
V	55.01	41.16	41.88	38.70	30.71	40.93	31.49	25.41	25.09

　　性别差异　小学生中除少数高小学生居住校内，其大多数为通勤学生。有时兄妹同学，早出晚归，家庭环境同，学校环境同，营养方面师资方面亦无不同，相同因子既多，所不同者惟性别而已。就此等男女分别统计其成绩，由此所发现之差异，当为性别上之差异。统计结果，男女间默读成绩相距甚近，几乎无所差异，低中高三组皆然。

　　默读能力与其他学科成绩之相关　此种相关情形，可于国语默读测验成绩与其他学科测验成绩之相关中见之，根据统计结果，吾人可概括言之，凡两种学科，其性质愈相近，则其成绩之相关愈高。例如国语高组二类与社会一类丙相关系数为 0.835 ± 0.065，国语中组一类与常识一类相关系数为 0.806 ± 0.041，而国语高组二类与算术式题之相关仅为 0.296 ± 0.091，详见下列两表（表5.2，5.3）。

由下表（表5.2，5.3）吾人可察见，默读能力与社会常识算术应用题各种成绩关系甚为密切，而与算术自然等科关系较少。但整个言之，各学科之成绩皆与默读能力有相当高之正相关，其相关系数大多在点五以上。

表5.2　国语默读测验成绩与其他学科测验成绩相关统计之一

科别	算术试题	算术应用题		常识	
		（一）甲	（二）甲	（一）	（三）
国语（高二）	$0.296\pm$ 0.091	$0.626\pm$ 0.086	$0.741\pm$ 0.068		$0.685\pm$ 0.108
国语（中一）	$0.664\pm$ 0.065			$0.806\pm$ 0.041	
国语（低二）	$0.524\pm$ 0.158			$0.502\pm$ 0.160	

表5.3　国语默读测验成绩与其他学科测验成绩相关统计之二

科别	自然			社会	
类别	（一）	（二）	（三）	（一丙）	（二丙）
国语（高二）	$0.551\pm$ 0.098	$0.566\pm$ 0.132	$0.645\pm$ 0.119	$0.835\pm$ 0.065	$0.579\pm$ 0.100

至默读成绩与智力之相关，此次测验结果，获得其相关系数为 0.749 ± 0.044。兹更将各科成绩与智力之相关，同列表如下以便比较。

表 5.4 各科成绩与智力之相关

科目	智力
国语	0.749 ± 0.044
算术（基本习惯）	0.467 ± 0.078
算术应用题（一甲）	0.642 ± 0.083
算术应用题（二甲）	0.712 ± 0.074
常识	0.753 ± 0.088
自然（一）	0.693 ± 0.073
自然（二）	0.632 ± 0.117
自然（三）	0.746 ± 0.090
社会（一丙）	0.653 ± 0.122
社会（二丙）	0.710 ± 0.075
学力（各科平均）	0.676

观上表则智力与各科之相关系数，最小者为 0.467 ± 0.078，最大者为 0.753 ± 0.088。前者为智力与算术式题（即基本习惯）之相关，后者为智力与常识之相关。就此十科合并计算而称之为学力。智力与学力相关系数为 0.676，在美国此系数为 0.70 或 0.75，吾人所得略小，但相差并不甚大，吾人颇为满意。

第四节　低级默读测验——小学一年级及幼稚园

二上至六下默读测验种种，既已详述，兹专就低年级默读测验，加以介绍。

材料之分析与选择　吾人编造低级默读测验时，综合国外研究结果，并参酌本国实际情形，着手从下述三方面选取材料。

（一）**儿童之活动**　儿童生性好动，自呱呱坠地以后，无时不在把玩舞蹈之中。待渐长大，机体日益成熟，新的冲动日益增加，经验范围日益扩大，新反应动作，亦随之增多。此种新反应动作，为儿童生活之基础与生长之条件。健康儿童除睡眠外，无时不需要活动，且不仅在身体方面为然，其情绪与社会行为等莫不藉此获得发展。故教育上一切设施，首宜适应其此种需求。吾人编造测验时，亦以之为最重要之根据。此种活动虽为儿童之天然倾向，惟其表现方式，常受社会环境影响。如乡村儿童，大多好爬山游水等运动，而都市儿童则多爱看电影骑脚踏车等等。此种差异即由于环境影响所致。但如跑、跳、唱歌、猜谜、讲故事等等又为一般儿童共同之表现。吾人编造测验时，曾加考虑，凡仅合于儿童特殊经验之材料，一概不用，而取其具有普遍性之活动者，俾能适合一般儿童之需要而提高其兴趣。

（二）**教材之分析**　关于儿童之活动，其表现方面颇多，吾人未能一一引入，取舍从违，亦无科学方法之调查与选择。不过仅凭主观权衡之而已，因此，又不得不从另一方面寻求客观之根据。吾人乃选取若干较大书坊最近出版之幼稚读物与小学低年级国语读本各五种，如下表所载，加以分析。

表 5.5 幼稚读本五种

书名	册数	审定日期	编著者	发行所
A. 幼稚读本	全二册	26 年 12 月	钱选青	世界
B. 幼稚园读本	全四册	27 年 10 月	钱畊莘	世界
C. 幼稚园读本	全四册	27 年 7 月	沈百英	商务
D. 幼稚园故事读本	全二册	26 年 3 月	朱公振	世界
E. 看图识字	全二册	27 年 11 月	戴克敦	商务

表 5.6 小学低级国语五种

书名	册数	审定日期	编著者	发行所
A. 复兴国语读本	1，2	26 年 7 月	沈百英	商务
B. 初小国语读本	1，2	26 年 7 月	吕伯攸	中华
C. 国语读本	1，2	26 年 5 月	编译馆	编译馆
D. 国语新读本	1，2	28 年 5 月	吴研因	世界
E. 儿童国语读本	1，2	26 年 6 月	陈鹤琴	儿童

上列表中幼稚读物及小学低级国语教科书共二十四册，经就各册字汇与词类仔细分析结果，可分别列表如次。

表 5.7　幼稚读本各册生字分析统计

书名	字别																各类字在生字中所占百分数												
	生字数（册数）				名字数（册数）				动字数（册数）				形容字数（册数）				名字（册数）				动字（册数）				形容字（册数）			
	1	2	3	4	1	2	3	4	1	2	3	4	1	2	3	4	1	2	3	4	1	2	3	4	1	2	3	4
A.	73	99			26	43			25	30			22	26			35	44			34	30			31	26		
B.	68	95	174	149	63	48	77	98	0	36	44	60	5	11	53	41	93	50	45	49	0	38	28	30	7	12	29	21
C.	46	108	320	733	46	52	104	321	0	34	131	244	0	22	85	163	100	48	32	44	0	31	41	34	0	21	21	22
D.	58	94			37	55			14	24			7	15			64	58			24	26			12	16		
E.	114	179			114	161			0	18			0	0			100	80			0	11			0	0		

ABCDE 系表 5.5 中各书名按次之代表符号，下写此同。①

① 原表 5.7 中生字数下的数字表示册数，下同。——特约编辑注

表 5.8 幼稚读本各类总字分配之统计

书名	总字数	名字	动字	形容字	各类字在总字中所占百分数			艰难指数
					名字	动字	形容字	
A	1,338	476	434	428	36	88	31	7.78
B	1,771	864	479	428	49	27	24	3.30
C	1,684	632	517	505	37	32	31	1.39
D	351	203	97	51	58	28	14	2.31
E	337	319	18	0	95	5	0	1.15

表 5.9 小学低级国语教科书各册生字分析统计

书名	字别								各类字在生字中所占百分数					
	生字数（册数）		名字数（册数）		动字数（册数）		形容字数（册数）		名字（册数）		动字（册数）		形容字（册数）	
	1	2	1	2	1	2	1	2	1	2	1	2	1	2
A	210	224	88	54	63	78	59	92	42	24	30	35	28	41
B	213	240	88	46	62	86	63	108	42	19	29	36	29	45
C	239	262	100	66	69	61	70	105	43	25	29	35	28	40
D	196	265	76	64	59	90	61	115	39	24	30	34	31	42
E	291	212	93	55	74	76	124	81	32	21	29	36	39	43

表 5.10　小学低级国语教科书各类总字分配之统计

书名	总字数	名字	动字	形容字	各类字在总字中所占百分数			艰难指数
					名字	动字	形容字	
A	4,681	889	1685	2106	19	36	45	10.78
B	3,395	679	1154	2257	20	34	46	7.49
C	4,433	931	1596	2906	21	36	43	8.84
D	5,134	1027	1643	2464	20	32	48	11.12
E	3,713	668	1374	1671	18	37	45	7.38

说明：

1. 表（5.7）表（5.9）中所谓各册生字分析，系指每册中初次出现之新字而言。

2. 表（5.8）表（5.10）中所谓各类总字分配，系指每种书中所包含字数之总数而言。

3. 各表中之名字一项包括代名词在内。

4. 各表中之名字一项包括副词及感叹词在内。

5. 表中各项数目，皆系以单字为单位而计算者，二字以上成词者，亦以单字计。

6. 所谓艰难指数即 $\dfrac{总字数}{生字数}$，以指示若干字内有一生字之意，兹特求出，藉作教师教学与教科书编辑之科学依据。

根据以上各表，吾人可以察见一编排趋势：

第一，在生字与总字数方面，各类书本中，文字数量不等，但皆以第一册最少，第二册较多，第三第四更多，此种趋势逐渐增加，未有例外。

第二，在词类方面，各类书本中，各词类之分配，大致皆初则名词较多于动词与形容词，继则形容词较多于名词，此种情形，在生字方面与总字数方面皆然。

第三，由各书内容观之，在幼稚读本中，图画故事与文字意识皆有由浅而深，由简而繁，由具体而抽象之趋势。

（三）部颁小学初级分级暂用字汇之参考　教部于民国二十四年左右曾印行一种小学初级（一二三四年级）分级字汇表，共收容 2711 字，可供一年级用者计 564 字，此项字汇表，系以当时之最近出版之小学国语、算术、常识等科教科书多种分析之材料，以及他人分析字汇多种之结果为根据。其各级分配情形，虽尚有待研究之处，然究不失为良好参考资料之一也。

由以上三方面之分析与观察，关于测验中字汇选用之原则，吾人可总括之而得下述要点：

1. 儿童活动中所需要者。

a. 儿童日常生活活动及其必需品。

b. 含有普遍性之游戏及玩具。

c. 儿童与之发生密切关系之伴侣。

2. 各类儿童读物中应用次数最多者。

3. 与教育部编小学初级分级暂用字汇中一年级应用之字汇相符合者。

根据此等原则，选用字汇，然后开始编造测验。

编造之原则　上述各种分析结果，固已显示吾人选材时应行注意之要点，同时亦暗示吾人编造测验时所应注意之原则。兹将编造测验之原则简述之如下：

1. 由简单而复杂

a. 由单字而词语

b. 由浅而深

2. 由具体而抽象

a. 由空间关系而时间关系

b. 由意识作用而推理作用

3. 由静止状态而动作表现

4. 字汇之分配　初则名词（包括代名词）多于动词形容词（包括副词），继则形容词动词多于名词。

测验之种类　吾人根据上述原则，编成以下各类测验：

甲、看字认图：一问题中有四幅小图与一字，此字与四图中之一图意义相符合，测验时令儿童根据此字之意义，寻出其相符合之图。

例如：

		1	2	3	4
一（3）	书				
二（　）	吃糖				

乙、看图识字：一个问题中有四字或四词与一图，测验手续与测验甲同，惟图与字之位置业已相互交换。例如：

		1	2	3	4
一（2）		弟弟	妹妹	爸爸	妈妈
二（　）		学生读书	工友做工	农夫耕田	兵士放枪

丙、选择：此即指各问题中之语句内，有重复错综之字或

词，测验时令儿童观察上下文意义，选出其正确或适当之一字或词。例如：

哥哥画了一个太阳，弟弟说，这是（青天，白日，红地）

丁、填字：即一问题语句之意义，尚未完全，其右方有答案三个，其中仅一个适当者。测验时，令儿童于右方三答案中，选出适当者填充之，以完成整个语句之意义。例如：

猫　③　老鼠　（①走　②逃　③捉）

第五节　高小毕业生语体文成绩之测量

著者于二十余年前受中华教育文化基金董事会之委托，进行中学学科心理之研究。关于国文理解力者已完成若干实验，兹将与本研究有关者，择要录后：

第一实验为"初中国文成绩之实验研究"。所用材料有白话文一篇，文言文三篇，每篇之末，编有问题，采四答选一法，参加测验者 3557 人，所得结论如下：

1. 文言文程度之分别，较白话文为明显。

2. 白话文程度在一年级与二年级尚有分别，至三年级则其中数虽略高于二年级，然其上四分点则在二年级上四分点之下。

3. 以男女论，男生之文言文理解力较强于女生，男生之白话文理解力虽弱于女生，而其速率则远过之。

4. 白话文理解能力与速率为正相关，惟其数甚小。

第二实验为"中学国文理解成绩之研究"。被试为女生六十人，测验材料有文言文一篇，附问题十五个，白话文一篇，附问题二十个。阅读一篇后，即请被试将问题解答一次，如此继续至五次为止。所得结果，证明文言文较白话文难于理解，故初高两中成绩，在文言文相差较大，而白话文相差较小。

第三实验为"中学文白测验结果之比较研究"。此乃综合十年来所作文白测验之大规模实验。测验材料有量表甲乙两种，前者有文言白话各一篇，后者各有三篇，被试有江、浙、鲁及平津一带各校学生 8363 人，实验结果，发现高中三年级之文言文成绩，在理解方面不过百分之四十四，而初中一年级之白话文成绩，则已达百分之五十八。小学六年级毕业时其理解成绩如何？吾人未曾研究，固难揣测，然百分之五十似为可能之假定。设所假定不幸而中，是高中毕业生之文言程度尚不逮高小毕业生之白话程度。因此，吾人以为苟文言文不能废弃，则在中学六年中应加速地磨冶此种工具。

在小学方面，有龚启昌氏"小学国语理解程度之研究"。所用材料为叙事文二段，说理文一段，写景文二段，共拟问题二十个，被试为三，四，五，六各年级优等生共四十人，每段文章阅读五遍，读完一篇，即请被试将问题作在答案纸上，结果六年级生第一次之理解成绩均在百分之五十以上。此与著者之假定，恰相符合。

根据上述四种实验，吾人可得一共同结论，即白话文较文言文易于理解，故在中学六年内文言文成绩继续有进步，而白话成绩进步却少。至于高中毕业生文言文程度，尚不及高小毕业生之白话程度。此一假定，虽难为合理，但必须予以科学上之证实。吾人乃着手计划，进行另一次测验。

测验之进行　所用材料，有"感化"，"美国人的母亲日"，

"兵"，"体操"共四篇。第一篇"感化"，测验理解与速率两种能力，阅读时一直往前，不准回顾已读之材料，当阅读开始以后，主试每秒钟或十秒钟呈现一数目字，从1至100每一数目代表秒钟，101起每一数目代表十秒钟，被试读完一遍，即刻抬头望主试所呈现之数目字，并将此数目字填在文章后面之圆圈内，然后将卷子铺在桌上，候全班作完，再解答问题，问题共二十个，系采四答选一法。

第二篇至四篇只计理解成绩，不计速率，故在阅读与作答之时间，均有规定，时间一到，无论已否完毕，一律停止。

被试为中大实校二十四年度招生时投考初中一年级之考生，共约六百人，大多为京市小学之毕业生，一部分为附近各地小学毕业者。

测验之结果　根据文白测验速率常模统计，初中一年级白话文每分钟阅读字数，其90％等级为352.1字，与352.1相当之号码为42。在初中三年级，其90％等级为439.2字，约相当于号码30。吾人为慎重起见，将速率号码在30以下（即过快者）之一部分试卷舍去，另一部分有未填速率者，有成绩可疑者，亦一概不用，结果认为可统计者计男生430人，女生120人，共550人，其理解成绩可见于下表（表5.11）。

下表成绩之计算，系以问题为单位。甲部为代表第一篇文章之成绩，因此文原由量表甲中选出者。乙部代表后三篇之总成绩，因其系从量表乙中选出者。以后为便于叙述计，称为理解甲与理解乙，由上表可察见女生成绩较男生成绩在数量上为大。无论在均数中数或上下四分点皆如此。在理解甲之几个统计常数上，女生成绩均超过于男生，其超过数量在均数为0.51，在下四分点为0.89，在中数为0.23，在上四分点为0.13。在理解乙，其情形亦复如此，所超过之数量在均数为1.18，在下四分点为1.31，在中数为1.20，在上四分点为0.96。由此观之，劣等男女成绩相差较多，而优等生则相差较少。惟在此种差数上，尚不能确定女生成绩确优于男生。因理解乙男女均数之相差，尚属可靠（此数为1.18±0.17差数与其机误之比率，约六倍有余），但在理解甲，其差数与机误（0.51±0.19）之比率，则尚不足三倍，故不敢武断。此外，女生之标准差与差异系数较男生者为小，是即表示女生程度较男生为整齐。

表5.11　理解成绩之统计

	甲			乙		
	男	女	常模	男	女	常模
$M \pm \sigma av$	13.97± 0.10	14.48± 0.16	14.08± 0.09	10.77± 0.09	11.95± 0.15	10.99± 0.08
$Md \pm \sigma mdn$	3.12± 0.07	2.57± 0.11	3.02± 0.06	2.90± 0.07	2.48± 0.11	2.87± 0.06
$\sigma \pm \sigma\sigma$	13.84± 0.13	14.07± 0.20	13.90± 0.11	10.37± 0.12	11.57± 0.19	10.64± 0.10
Q_1	11.51	12.40	11.74	8.56	9.92	8.91
Q_3	15.81	15.94	15.84	12.32	13.28	12.61
Q	17 (3—20)	13 (7—20)	17 (3—20)	15 (2—17)	11 (6—17)	15 (2—17)

续表

	甲			乙		
	男	女	常模	男	女	常模
Range	22.36	17.77	21.45	26.90	20.75	26.11
V	430	120	550	430	120	550
Diff	0.51± 0.19			1.18± 0.17		

在速率方面，吾人就学生所记号码计算每分钟阅读字数，统计结果如下表（表5.12）。

由下表观之，男女阅读速率，除10％等级外，其余下四分点，中数，上四分点，90％等级均以男生为优。此点与"初中国文成绩之实验研究"所得结果，大致相同。每分钟男生较女生多读字数，在下四分点为18.18，在中数为19.27，在上四分点为23.35，在90％等级为18.00。但在差异系数上两者相差甚微或无甚差异。

表 5.12　速率之统计

	男	女	常模
M±σav	430	120	550
Md±σmdn	282.13±3.26	262.86±5.77	277.70±2.85
σ±σσ	80.01±1.84	74.75±3.25	79.15±1.61
Q_1	228.18	210	223.13
Q_3	341.35	318.00	327.11
10％等级	168.46	175.56	170.29

续表

	男	女	常模
90％等级	388.00	370.00	384.21
Range	327（114—441）	323（118—441）	327（114—441）
V	28.35	28.44	28.50

性别差异，吾人已详加比较，兹再以所得常模与以往几个实验比较讨论之。按文白测验中所得之白话常模，其均数及上四分点如下表（表5.13）：

表5.13 文白测验理解成绩（均数及上四分点）

量表甲						
年级	初中一	初中二	初中三	高中一	高中二	高中三
M± P.E.M	11.49± 0.07	12.83± 0.07	13.46± 0.05	13.60± 0.05	13.99± 0.05	14.14± 0.06
Q_3	13.56	14.75	15.09	15.28	15.74	15.67

量表乙						
年级	初中一	初中二	初中三	高中一	高中二	高中三
M± P.E.M	8.48± 0.05	9.63± 0.06	10.85± 0.05	11.75± 0.04	12.14± 0.05	12.36± 0.05
Q_3	9.99	10.94	12.44	13.20	13.70	13.93

吾人此次所得常模，以均数作代表者，计在理解甲为14.08，在理解乙为10.99。此二数量几相当于文白测验量表之高中总三年级均数与量表乙之初中三年级均数。以高小毕业生而有如此高之成绩，似出一般人意料之外。详考其原因，不外下列数端。

1. 都市小学程度较高　文白测验范围甚广，被试遍及南北，程度有好有坏，所谓均数当然代表一般之分配，而本测验所测者大多为京市高小毕业生，其程度自较各地方之小学生为高，何况中大实校招生录取标准亦较高，应考者多系自揣较有把握者始敢来尝试。故此批都市小学之优秀分子，其成绩之优异殆无足怪。

2. 一般程度之提高　以上所谓被试系都市小学之优秀分子，并非著者曲意解释。试看文白测验之上四分点，即知此次常模，约相当于该测验之初中一二年级优等生成绩。此足以证明著者之推想，殊为合理。惟高小毕业生而有初中一二年之程度，此一二年级之进步，是否可尽归功于都市与优秀两因子？著者以为尚有其他原因在。文白测验举行于民国十七八年，远在本测验举行之前六七年，此六七年中政治较上轨道，教育继续发展进步，程度之提高亦系意料中事。

3. 被试专心致志　本测验中被试均认为测验成绩影响于自身之录取，无不专心致志，努力从事。其精神之紧张远逾普通测验。此于测验结果，当亦有影响。

至文白测验中之白话速率常模（用中数及上四分点表示者）如下表所载（表5.14）：

表 5.14　文白测验速率常模（中数及上四分点）

年级	初中一	初中二	初中三	高中一	高中二	高中三
Md± P. E. Md	234.0± 1.8	260.4± 2.4	294.0± 2.4	306.0± 1.8	315.6± 2.4	314.4± 3.0
Q_3	289.2	318.6	366.0	373.2	385.8	384.0

吾人此次所得之速率中数，在文白测验初中二三年级之中数之间，但较初中一年级优等生之速率为低。此种现象仍可用前述三原因解释之。其第一第二两原因，可使速率加快，而第三个原因则使被试重理解而忽视速率，反足使速率有减低之可能。

如将上述结果与龚启昌氏研究相比较，其情形如下。按龚氏所得结果，其各年级第一次阅读总成绩（故事文，写景文，说理文三种合计）如下表所载（表5.15）：

表 5.15　小学各级第一次阅读总成绩（龚氏所得结果）

级别	三年级		四年级		五年级		六年级	
成绩类别	理解	速率	理解	速率	理解	速率	理解	速率
国语五段之成绩	38.33	173	53.72	190	49.12	200	64.12	252

表中理解成绩系以百分数计算，速率则系每分钟所读字数。为便于比较起见，吾人亦将此次成绩，化成百分数。测验卷上有甲类问题 20 个，乙类问题 18 个，如将作对问题之均数与问题总数求出比率，即将理解成绩之百分数，列表如下（表5.16）：

表 5.16　理解成绩百分数

甲			乙		
男	女	常模	男	女	常模
69.85	72.40	70.40	59.83	66.39	61.06

此结果不但与龚使之研究相去不远，而且已证实吾人以前

之假定。

小学六年级毕业时其理解成绩有百分之五十。表中百分比最小者为 59.83，最大者为 72.40，常模之百分数均在 60 以上，虽然此次因取样关系，成绩较优，而吾人所假定者并非武断，已于此可见。此次之速率中数为 277.70，与龚氏所得六年级优等生之速率甚相近，此可证明本实验被试为都市小学之优等生。

主要参考书

Cole，L. *Psychology of the Elementary School Subject.* Farrar & Rinehart Inc.

Csil，O. T. *Methods of Increasing Speed in Silent Reading through Class Instruction.* Chicago University.

艾伟：《初中国文成绩之实验研究》，"教育心理学论丛"，中华书局。

艾伟：《重庆迁建区小学学生智力学力及体力调查报告》，三十三年（1944）《中国教育学会年报》，中华书局出版。

艾伟：《小学儿童能力测量》，商务印书馆出版。

龚启昌：《儿童读物分级分年之初步研究》，《实验教育》二卷四期，前中大实校出版，二十四年（1935）十月。

龚启昌：《小学国语理解程度之研究》，《实验教育》一卷一期。

第六章　默读能力之诊断

第一节　诊断测验之意义及其功用

标准教育测验（Standard Educational Test），可按其功用不同，分为两类：一为成绩测验（Achievement）[1]，一为诊断测验（Diagnostic Test）。所谓成绩测验，即为一种用以概括考察被试现有能力之测验。此种测验颇类似普通之学校考试，只不过其考试之题目、手续、时间、计分等均有严格之标准而已。其主要功用，在测量被试之成绩。依据此种结果，吾人仅能知其在某一功课方面现有之成绩如何，而不知其成绩之好或不好之根本原因。诊断测验，即系就此根本原因加以彻底考察之测验。前者可以"知其然"，后者于"知其然"之后，更求"知其所以然"。譬如温度计，足以测知人体现状是否正常及其正常与否至于何种程度，倘发现不正常现象，即须验血、检查大小便、用

---

① Achievement Test，今多用成就测验作为译名。——特约编辑注

X光透视内部等等方法，以查出病症之所在，成绩测验与诊断测验在教育上之意义，亦与此相类似。

诊断测验之编造较为繁难，在着手编造前，将所欲测验之能力、详加分析，然后按照分析结果，选取类型的材料（Type—material），再按照编造测验之一般手续，进行编造。成绩测验，仅须就一般被试在某功课上已经学习或应当学习的材料，随机抽选，制成一定格式，再经过标准化之手续，即可成为一种测验。故二者不但在意义上大有差异，而其形式与结构方面亦颇有区别。

详细言之，关于诊断测验之功用有二：

第一，探求病源，对症下药。由晚近心理学研究结果，得知人的各种能力，皆由许多单元或因素（Elements）组合而成，此种因素发展情形，并不一律。譬如默读能力，是由浏览、理解、撮要等因素组合而成，浏览力高者，未必理解力亦高，理解力低者，未必提纲挈领之能力亦低（此种情形，后文当更细论）。桑代克曾应用其默读量表（Reading Scale），将默读能力包含下列四种因素：

（一）权衡句中各字（Weighing of each of many elements in sentence）

（二）组织各字关系（Their organization in the proper relation one to another）

（三）选择各字含义（The selection of certain of their conotation and the rejection of others）

（四）决定最后反应（The cooperation of many forces to determine final response）

在正确的默读中，四者不可缺一，每一因素有缺陷，皆足影响整个默读成绩。可见默读成绩不良，原因极不单纯，若再就算术能力而言，其中所含因素，更为复杂，就四则言，根据科提斯（S. A. Courtis）分析结果，加法能力中包括七种因素，减法能力中包括四种因素，乘法能力中包括九种因素，除法能力中包括十种因素，其中任何一种因素不娴熟，皆足以影响算术成绩，其他各科情形，莫不如此。故学生某科成绩不良，究竟由于何种原因？或其困难点何在？在实施补救之前，必须彻底明了，欲彻底明了，则不能不详加诊断。因此麦卡（Mc Call）认为诊断之职责，在探寻原因，更进而探寻原因之原因，与夫原因之原因之原因，如此探求，直抵教学单元（Teaching unit）为止。亦唯如此，教学上方有效果可言。否则，不辨原因，妄加补救，有如误投药石，不惟无益，反而有害。

第二，未雨绸缪，防微杜渐。教学上不仅要"亡羊补牢"，善为处理学业成绩方面已经发生问题之学生，且当防患未然，留心成绩方面尚未发生问题之学生，因成绩上尚无问题或甚优越之学生，其各种能力，未必就已发展完满充分，毫无缺点，可能某种能力已发生某种弱点，或在某方面尚未发展充分，但因此种缺陷尚不十分严重，或由于其他优点补偿掩饰，未被发觉。若不及早纠正，就会日趋严重。为避免此种危险，可应用诊断测验，就表面上似无问题之学生，加以考察，俾能明其隐症，察其兆端，妥为应付，求其每种能力，均能顺利地获得充分完美之发展，并提高学业上之成绩。

由上述二点，可知诊断测验在教学上之价值不容忽视。

第二节　国外默读诊断测验简述

欧美中小学内每一门学科，几乎均有一种以上之诊断测验，兹就美国关于小学默读诊断测验，列举数种，加以简要说明。

盖兹默读测验（Gates' Silent Reading Test），此种测验专以诊断小学生默读能力。在编造之前，将默读能力分为四种不同的小能力或因素：一种为了解主旨的能力（Reading to get the main ideas of a paragraph），一种为根据课文预料后果的能力（Reading to predict what comes next），一种为提纲挈领的能力，一种为明了语气的能力（Reading to interpret the mood of a paragraph）。根据此种分析结果，编造两组诊断测验：第一组专用以测验小学一二年级学生及三年级中成绩不良之学生，其中共包括三个测验。第二组适用于小学三年级至八年级学生，其中共有四个小测验：测验一之目的，在诊断了解主旨的能力，内有短文廿四段，每段之下有四句话，令被试在阅读之后，从中选出一句最足以说明本文主旨的话。测验二之目的，在诊断根据课文预断后果的能力，其中共有短文廿四段，每段系叙述一个未了之故事。下面各有四句话，代表四种可能之后果，令被试在阅读之后，根据课文，从中选择一种作答。测验三之目的在诊断提纲挈领的能力，其中亦有短文若干段，每段之下有四句话，每句话代表文中之一件事实，令被试按照各事发生次序，于句首志以 1，2，3，4，字样。测验四之目的，在诊断明了语气的能力，其中共有短文二十四段，每段下面各有五个字，令

123

被试于读过后，从中选取一个最足以形容本叙述之情境的字。测验说明书颇为详细，各种常模亦甚完备。

哈加台默读考试量表三（Haggerty reading Examnation Sigma Ⅲ）本量表有两类，每类有三个测验：测验一为字汇测验（Vocabulary），令被试在最好的定义下划一划；测验二为句子测验（Sentence Reading），如果一句话的意思对，即在是字旁划一下，如果不对，即在非字旁划一下；测验三为章节测验（Paragraph Reading），中有文章七段，每段之下各有问题数个，采多答选一法。在每个测验之前，均有练习题一个。本量表适用于六年级至十二年级学生。常模分为年级常模、年龄常模两种，测验时间总共不到半点钟。

濮来西（Pressey）读法诊断量表 本量表只有一类，适用于三年级至六年级学生，其中包括三个测验：第一个字汇测验，用以考察学生能懂多么难的字，共有二十五个字由易而难，按次排列，每字之后，附有五个字，令被试从中选一个最适当的字；第二为速度测验，用以考察学生阅读速度，共有二十五句，各句难度相等，每句中有多余的一个字，令被试划去，时间限制较严；第三为难度测验，用以考查学生了解文字意义的能力，其中共有文章七段，由易而难，每段下面有四个问题，采四答选一法。

此外类似之中小学诊断甚多，不及详举。至我国真正的默读诊断测验，尚付阙如。吾人为适应我国教育上之迫切需要起见，乃开始编造此种测验，其经过情形下文当作详细报告。

第三节　编造经过

应用范围之确定　吾人所编测验，定名为"小学国语默读诊断测验"。应用范围，自始即以小学为限，惟小学中共计有六级，欲编造一种测验，使之适用于从一年级至六年级之各个年级，殊属困难，同时，吾人深信一种工具应用范围愈小，准确程度愈大，因之最初拟以五六年级为应用对象，最后，根据分析材料结果，觉得四年级亦可应用。故本测验之应用范围，决定以小学四、五、六年级为限。

默读能力之分析　吾人前已言之，默读能力为若干小能力或小单元集合而成，可以加以分析，而且必须加以分析，始可着手编造诊断测验，兹就其本身功用加以分析，结果，吾人认为阅读能力包括四种小能力，分别言之如下：

（一）迅速浏览，撮取大意之能力。此种能力即普通所谓略读能力。普通阅读方面，许多读物仅需浏览一遍，知其大意即可，无须乎逐字逐句细加咀嚼，如阅读报纸杂志，日常各种应用文字以及小说故事等等，均采略读方法。

（二）精心详读，记取细节之能力。此即普通所谓精读，关于科学上各种理论方法之读物国文范本等均须运用此种阅读能力。

（三）综览全章，挈取纲领之能力。许多读物需要吾人于阅读之后，从错综复杂之原文中，找出系统或寻求其因果关系，例如读历史及其他若干社会科学（如社会学、政治学等），均须如此。

（四）玩味原文，推取含意之能力。有些读物，意在言外，须推敲玩味，始能了解作者原意，如阅读诗歌之类的文学作品，即须具有推取含意的能力，方能产生阅读上之价值与意义。至读寓言，更是特例。

编造原则之拟定　阅读能力，既经分析妥当，次一步骤则为如何着手编造测验。吾人于此，乃又拟定编造及选材应行遵守之原则：

关于编造方面者：

（一）本测验所测量者，为儿童现有默读能力（Reading Ability），而非可能发展之默读能量或默读性能（Reading capacity or Reading aptitude）。

（二）本测验所测量者，为儿童之默读技能，而非了解能力。

（三）本测验共分四个小测验，每一个小测验分别诊断一种默读能力。各小测验之内容与功用，应彼此分明。

（四）本测验根据分析结果，将欲测量之默读能力分为四类，由四个小测验分别测量：

测验一　测量迅速浏览撮取大意之能力

测验二　测量经心详读记取细节之能力

测验三　测量综览全章挈取纲领之能力

测验四　测量玩味原文推取含意之能力

（五）本测验所需时间不可太长。

（六）本测验作答方法应尽量求其简明，以期儿童易于适应。

关于选材方面者①：

（一）各测验材料应从最通行的小学国语课本与儿童读物内选取。

（二）各测验材料应均为小学五年级儿童所读过或应用过之文字。

（三）各测验之类型材料应尽量与儿童之阅读情境相符合，因此：

测验一内应选故事类材料

测验二内应选自然类材料

测验三内应选历史类材料

测验四内应选寓言类材料

（四）尽量避免生冷奇僻的字。

（五）每篇字数以一百左右为限。

（六）材料来源应尽量避免集中于一种课本。

（七）材料体例应一律，凡带有韵律之文一概不选。

（八）材料内容应尽量避免重复。

关于编造计划，亦拟定数条如下：

（一）本测验共分四个小测验，各编甲乙两复分（Duplicates）。

（二）每一小测验至少应包括短文十篇。

（三）第一第四两测验，于每篇短文之下各附一问题，采四答选一法。

---

① 原文此句直接承接上一句，从前文"关于编造方面者"：一句来看，当自成一段，故析之。——特约编辑注

（四）第二测验内，每篇短文之下各附三问题，亦采四答选一法。

（五）第三测验内，每篇短文之下各举原文内所述之事实四件，其次序力求凌乱。每件事实之前，各有空白括弧一个，以便儿童标注次第。

（六）每一测验之前，各举例题一个。

测验材料之选择　民国三十二年四月，吾人开始选取材料，当时找到三部小学国语教科书，一为商务印书馆出版，一为世界书局出版，一为大东书局出版。因吾人预定原则，所有材料均应为五年级学生所读过或应用过者，故吾人即从每部国语教科书的十二册中，选出前八册作为取材之范围。同时，因本测验系诊断测验，不能用随机取样法选材，只得就所选出之二十四册教本，逐课加以分析，凡是认为可作四个小测验之类型材料者，即照原文录下。凡三部国语教本内共有之材料，则就其文字较隽永、字数较适当者，录取一篇。如此详细分析二十四册教本外，又分析几本少年丛书类儿童读物。分析结果，共选得一百余篇短文，再按照四个小测验之性质，详加选择，得八十四篇短文，四篇作例题，八十篇作测验材料，其来源如下所述：

（一）就书局言：

1. 商务印书馆国语教科书中共选五十二篇

2. 大东书局国语教科书中共选十六篇

3. 世界书局国语教科书中共选十六篇

（二）就各册言：

1. 第一册中共选六篇

2. 第二册中共选十一篇

3. 第三册中共选五篇

4. 第四册中共选十篇

5. 第五册中共选十二篇

6. 第六册中共选十一篇

7. 第七册中共选十二篇

8. 第八册中共选十七篇

选材既定，即开始编造。

初编　根据选定材料，分别编造四个小测验，每一个小测验除例题外，各有短文二十篇，按其长短，依次排列。准备在经过标准化之后，将每一个测验分为两个等份，各包括短文十篇，排列既定，即依次拟题、编造工作，完全按照预定计划进行。

试用　各测验编造完毕之后，即进行试用，当时因印刷不便及经费困难，乃就每一小测验内短文，每隔四篇抽选一篇，各抽取五篇，按原形式，将说明、例题、短文和问题油印数十份，于三十二年十二月就四川白沙国立女子师范学院附小四、五、六三个年级学生，开始试用，为求精确可靠计，采个别测验法，每日请两位小朋友应试。第一步令被试按照规定格式填妥姓名等项，第二步宣读说明，在其完全了解之后，再以例题相示。以下即对准时间，宣布开始，直至读毕五篇短文，并答完问题为止。记下各个被试所费时间，并详记观察结果，如此就各年级上中下三等学生，各测验八人，男女各半，共耗时两周，始结束试用手续。

时间与内容之决定　根据试用结果，将各年级儿童所费时间加以平均，又稍加折扣，以减消因测验卷子油印不清稍稍多耗时间之影响。此项时间详细数字，载于本测验各卷面。此外，根据试用结果，各测验内容亦略加调整，同时，为经费所限，无力印复份，即从各测验原有二十篇短文中，选十二篇作为各测验之材料。各测验各年级之平均时间，均系根据十二篇之标准计算而得。各测验之材料与时间决定后，正式铅印。

标准化　正式测验印就之后，开始作标准化之工作。此时正值各小学第二学期开始，进行殊为方便。共测十五个小学，计得被试一千一百一十二人。兹将学校名称及各年级人数开列于下：

关于学校名称：

（一）沙磁区共四校

1. 国立中央大学附属小学

2. 重庆市立沙坪壩中心小学

3. 磁器口嘉玲小学校

4. 重庆市立磁器口中心小学

（二）石马河（磁器口对岸）一校

重庆市立石马河中心小学

（三）小龙坎共两校

1. 私立中正学校小学部

2. 私立树仁小学校

（四）白沙共八校

1. 国立女子师范学院附属小学

2. 私立三楚小学校

3. 四川省立重庆女师附属小学

4. 私立聚奎小学校

5. 四川省立川东师范附属小学

6. 私立修平小学校

7. 白沙镇中心小学第一分校

8. 白沙镇中心小学校

关于各年级人数：

（一）六年级下学期——三六二人

（二）五年级下学期——四六〇人

（三）四年级下学期——二九〇人

此次测验采团体测验法，各校班次大小不等，且有几校无四年级下学期学生，以致四下人数相当少。

全部测验卷四千四百余份，均由杨清君担任判卷并统计。下节将详述统计结果，此不多赘。

第四节　统计结果

统计结果，分别述之如次：

关于各测验的常模　兹将四个测验统计结果载在下列各表中：

表 6.1　测验一之各种统计结果①

统计常数	年级		
	四年级	五年级	六年级
M±P. E. M	6.83±0.120	7.247±0.092	7.711±0.091
Md±P. E. Md	6.500±0.151	7.089±0.115	7.370±0.114
Q_1	4.585	5.150	5.6382
Q_3	9.029	9.160	9.531
P_{10}	3.115	3.459	4.620
P_{90}	11.470	11.558	11.808
R	0—12	0—12	2—12
Q	2.222	2.005	1.924
σ±P. E. σ	3.042±0.085	2.848±0.065	2.58±0.64
V	45.5	39.2	33.5
A. D.	2.500	2.307	2.139
N	290	420	360

表 6.2　测验二之各种统计结果

统计常数	年级		
	四年级	五年级	六年级
M±P. E. M	13.314±0.234	14.706±0.233	17.877±0.274
Md±P. E. Md	12.627±0.293	13.341±0.280	16.416±0.343

---

　　① M=算术平均数　R=两级距　A. D. =平均差或均数　N=总人数——作者注；表 6.2 亦同——特约编辑注

续表

统计常数	年级		
	四年级	五年级	六年级
Q_1	9.105	9.702	12.252
Q_3	16.791	18.405	22.980
P_{10}	6.633	6.894	9.252
P_{90}	21.228	25.821	28.920
R	0—34	0—34	2—36
Q	3.843	4.351	5.364
$\sigma \pm$ P. E. σ	5.901±0.165	6.909±0.158	7.521±0.194
V	44.3	46.9	42.0
A. D.	4.659	5.574	6.240
N	290	420	342

表6.3 测验三之各种统计结果

统计常数	年级		
	四年级	五年级	六年级
M±P. E. M	16.800±0.418	21.464±0.309	26.808±0.354
Md±P. E. Md	15.148±0.524	20.376±0.387	27.040±0.444
Q_1	9.292	13.823	19.120
Q_3	23.600	29.064	34.508
P_{10}	4.784	9.112	13.348
P_{90}	30.500	35.136	40.268

续表

统计常数	年级		
	四年级	五年级	六年级
R	0—45	0—46	2—46
Q	7.154	7.636	7.694
$\sigma \pm$ P. E. σ	9.920±0.295	9.780±0.218	9.980±0.250
A. D.	8.032	8.162	8.328
V	58.0	4.55	37.2
N	240	455	361

表 6.4　测验四之各种统计结果

统计常数	年级		
	四年级	五年级	六年级
M±P. E. M	5.076±0.111	5.366±0.074	6.464±0.093
Md±P. E. Md	4.676±0.139	5.025±0.093	5.983±0.119
Q_1	3.160	3.517	4.333
Q_3	6.700	6.888	8.606
P_{10}	2.088	2.528	3.025
P_{90}	8.800	8.914	10.428
R	0—12	0—12	0—12
Q	1.700	1.685	2.136
$\sigma \pm$ P. E. σ	2.649±0.078	2.381±0.052	2.692±0.067
A. D.	2.148	1.927	2.269

续表

统计常数	年级		
	四年级	五年级	六年级
V	52.1	44.3	41.6
N	260	460	360

根据上列各表中统计结果，吾人可察见下述显明之事实：

（一）各年级之阅读能力，均不够高，四年级学生在八分钟内，仅能读六段多相近七段之短文，五年级学生在七分钟内，仅能读七段短文，而六下学生在六分钟内，亦不过读七段多相近八段之短文，殊距吾人理想甚远。

（二）各年级速度相差甚小，四五两个年级直无差别。

（三）各年级在二三两测验方面，差别较为显著，此表示精读能力与提纲挈领能力逐年进步。

（四）各年级测验四的成绩最坏，此表示一般小学生均不善于了解文中含而不露之意，读书未免不求甚解，甚至有囫囵吞枣之病，亦或系此种能力发展尚未十分成熟之故。

（五）各年级在每种阅读能力上，其个别差异大于年级差异。

（六）各年级在每一种能力方面，其重叠之处甚多，例如在测验一中，四年级 Md 大于各年级的 Q_1，四年级的 Q_3 大于各年级的 Md，四年级的 P_{90} 大于各年级的 Q_3，其他测验亦与此相类似。

（七）除测验二略有变异外，其他各测验均为年级愈高，离中趋势愈小，此即表示年级愈高，程度愈整齐。

关于各测验之效度 本测验之效度，系根据教师所评判之等第，用质量相关法所求得者。本来教师评判之等第不甚可靠，吾人亦不过试于此窥其大概而已。乃就六十个五年级学生之等第，求本测验之效度，所用公式系由 Pearson 的 Product-moment 演变而来，即为 $\gamma = \dfrac{\Sigma f y \left(\dfrac{\overline{X_y}}{\sigma X} \right)}{N \sigma y}$。结果见下表：

表 6.5 各测验的效度

统计常数	测验			
	测验一	测验二	测验三	测验四
$\gamma \pm$ P. E. γ	0.727±0.039	0.550±0.053	0.627±0.053	0.575±0.058
N	60	60	60	60
年级	五年级	五年级	五年级	五年级

上表相关系数虽不甚高（此乃意料中事，一面由于吾人所定等第只有六级，一面由于教师所评定等级不甚精确），但已足肯定此四个小测验所测量者，确为其计划中所欲测量者，殆无疑义。

关于各测验之信度 由每一种测验卷内随机选取三百份卷子，四五六年级各一百份，按照奇偶数将每一卷子内答案分为两半计算，两半之题数完全相等，再用 Pearson（皮尔逊）积差相关法（Product-moment method）求三百份卷内之此两半分数相关系数，然后用 Spearman-Brown 公式求整个测验之信度，结果见下表。

表 6.6 各测验的信度

统计常数	测验			
	测验一	测验二	测验三	测验四
$\gamma \pm$ P. E. γ	0.821±0.013	0.835±0.012	0.828±0.013	0.700±0.020
$\gamma n \pm$ P. E. γn	0.902±0.007	0.910±0.006	0.906±0.007	0.823±0.013
N	300	300	300	300

注：—γ＝Pearson 之积差相关系数，即 $\gamma = \dfrac{\dfrac{\Sigma x'y'}{N} - CXCY}{\sigma x \sigma y}$

γ_n＝Spearman-Brown 的改正相关系数，即 $\gamma_n = \dfrac{N\gamma}{1 + (N-1)\gamma}$

上表中相关数值甚大，即表示甚高之信度，甚堪满意。

关于各个测验之相关 由四五六各年级之四种测验中，各随机取出一百份测验卷子，用积差法求其彼此相关系数，其结果载在下表中：

表 6.7 各个测验间之相关

测验	$\gamma 12 \pm$ P. E. $\gamma 12$	$\gamma 13 \pm$ P. E. $\gamma 13$	$\gamma 23 \pm$ P. E. $\gamma 23$	$\gamma 14 \pm$ P. E. $\gamma 14$	$\gamma 24 \pm$ P. E. $\gamma 24$	$\gamma 34 \pm$ P. E. $\gamma 34$
系数	0.724± 0.033	0.760± 0.029	0.480± 0.052	0.645± 0.040	0.645± 0.040	0.536± 0.048
人数	100	100	100	100	100	100

表中各项相关，大小并不一律，惟均已大至足以证明彼此关系相密切，小至足以证明彼等并非代表同一种能力，其中以测验一与测验四（即 $\gamma 14$）之相关系数最低，此表明浏览快者并不一定能了解课文的言外之意，反之亦然，甚与一般情形相符

合。测验二与测验三之相关系数最高，此表示精读能力强者亦善于提纲挈领。其他各项相关系数之含意，皆可照此加以解释。吾人可由此对阅读能力获得更清晰深刻之认识。

第五节　诊断举隅

根据上节统计结果，从各测验彼此间之相关系数看，吾人可以明白默读能力并非一种浑圆一体的东西，其中至少包含吾人所分析之四种小能力，由测验结果，又发现此四种小能力发展情形，并不一律。固然，有些儿童已发展至于超过水准（常模），有些儿童则尚未达到水准，有些儿童在某几种小能力方面已达于水准，某几种小能力方面犹觉不及。此种事实，正为本测验具有诊断价值之明证。兹从各年级记录中，各举十种具体之案情，藉以表明本测验之诊断性质。

四年级个案示例

测验	测验一	测验二	测验三	测验四
常模（均数常模）	6.834	13.314	16.800	5.076
个案　甲生	9	⑩	22	③
乙生	⑤	⑥	⑫	7
丙生	7	16	⑤	③
丁生	8	⑨	⑮	③
戊生	③	⑦	18	③
己生	12	17	30	③
庚生	8	⑪	22	8

续表

测验	测验一	测验二	测验三	测验四
辛生	11	26	④	11
壬生	②	⑭	⑤	⑤
癸生	8	⑨	⑭	③

注：（一）每一个案中的四个数字，分别代表四个测验的分数。

（二）凡加（圈）的数字，均系未达到常模分数者。

（三）在诊断时，各常模的小数，均采四舍五入法。

（四）在以下各个案诊断中均与此同，不另注明。

五年级个案示例

测验	测验一	测验二	测验三	测验四
常模（均数常模）	7.247	14.706	21.464	5.366
个案　甲生	⑤	16	27	9
乙生	④	⑤	22	⑤
丙生	④	⑫	25	②
丁生	⑦	⑨	23	①
戊生	⑦	⑩	③	③
己生	9	⑬	⑭	6
庚生	⑤	16	⑯	②
辛生	⑦	17	⑰	⑤
壬生	11	19	⑲	③
癸生	⑦	10	35	7

六年级个案示例

测验	测验一	测验二	测验三	测验四
常模（均数常模）	7.711	17.877	26.808	6.464
个案　甲生	9	⑫	31	⑤
乙生	11	⑮	31	9
丙生	⑦	⑩	㉕	8
丁生	8	⑮	⑮	④
戊生	⑥	⑨	28	③
己生	8	⑭	26	8
庚生	12	31	36	⑤
辛生	9	21	㉕	8
壬生	⑥	21	⑯	⑥
癸生	⑥	34	45	10

　　以上所举各个案情形，一目了然，不用解释。此处不过随便举例，以示本测验诊断性质之一斑而已。实际上，此四种小能力在理论上可能产生之各种组合，几乎均存在。在上举实例中，有些儿童之四种小能力，已有三种超过一般水准。此种儿童之阅读能力，如用成绩测验测量之，其结果将列于中等以上，似无加以特别处置之必要。然其缺陷，固自存在如故，且有愈变愈坏之虞，故在普通考试制度下，此类儿童之缺点皆被忽视，不知救治，坐令其某种能力永无充分发展机会，遗害终身，直为不人道之事也。于此更可见诊断测验之重要与价值。

第六节　结论

关于测验本身者：

1. 根据各个小测验之效度表示，吾人似可断言，其所能测量者确为其所欲测量之四种小能力无疑。

2. 各测验之信度极高，表示其本身无甚问题。

3. 由各测验彼此间之相关系数，证明此四个测验所测量者，并非同一种对象。

4. 由每一个小测验之各种常模与离中量数，证明本测验之鉴别力相当大。

关于默读能力者：

1. 默读能力至少包括下列四种小能力：

a. 迅速浏览撮取大意之能力

b. 精心详读记取细节之能力

c. 综览全章挈取纲领之能力

d. 玩味原文推取含意之能力

2. 此四种小能力之关系，并不一律。比较言之，第二第三两种关系最密切，第一第二次之，第一第三又次之，第二第四更次之，而第一与第四两种相关最小，第三第四为次小。

3. 各儿童在此四种小能力上之发展情形，极不一致，有甲长乙短者，有乙短甲长者，有乙短丙长者，如此推计，至为繁复。

4. 根据实验结果，以第四种能力上表现之成绩最坏，此系由于此种能力较难养成或忽略其发展，亦许其发展成熟本较为迟。

5. 同年级儿童在同一种能力上之个别差异大于年级差异。

关于最后之几点希望

1. 本测验之编造目的，在求实际应用，希望小学教育界多加实验，并随时提供改良意见。

2. 阅读能力上已发现各种缺陷，即应设法补救，不可延误。且不仅国语阅读上须注意诊断及其补救，其他各学科亦应有其诊断测验，以便作及时之补救。此则有待于我全体教育界同仁之努力，而著者当亦不敢后人也。

主要参考书

Gates，A. Silent *Reading Tests*.

杨清：《小学国语默读诊断测验试编（纲要）》，《教育心理研究》二卷三四期合刊（原来论文为中央大学研究院已通过之硕士论文）。

第七章　辞句之学习心理

第一节　辞句之意义及其性质

语文为代表"概念"与事实之符号。若由形式上加以剖解，每段语文为若干"句"所组成，每句又可析为若干"词"，此词或仅一字，或为二字以上所组合成。通常由单词而句子，由句子而章段，均须依照公认之语法组织之。此系就较简单之形式而言。然为增强或确定其效力计，语文形式，常多变动，句与词之应用，往往亦可相通（如一个大句常包括若干小句，此等小句之地位与单词无异）。有时为求语文之简明整齐，常于句内省去一部分单词或小句。有时为求语文生动美感，各类单词与小句亦常变格应用，俾能充分表达各种情境。吾人生活中有许多情境相仿佛，可以适用类似之文句。是以若干修饰完美之文句，常被人认为确当而加以引用。引用者多，即成为所谓"成语"或"古典"，此即吾人所称之辞句是也。

由上所述，吾人可将辞句之性质，详析之如次：

（一）辞句之创造性：辞句原为人偶然之创造，经广泛应用以后，即完成其特殊之意义，如"缘木求鱼"，始为孟子偶然想及之比喻，今则已为通用之"成语"矣。又如"望梅止渴"，"画饼充饥"，初皆用以形容某种神情，后为人引用而流行不变也。此种辞句，随历史文化之演进而日渐增加，换言之，即在继续不断地创造中，吾人为文用语亦日益方便而完善。

（二）辞句之稳定性：既经通用之后，辞句即具固定形式，不能自由改变。如"严寒""酷暑"，绝不能改作"酷寒""严暑"，又如"川流不息"，"正大光明"二语，倘改为"川流不断"，"正大光亮"，虽其义义不变，语法亦无不合，然生硬不顺，意味全非。

（三）辞句之变动性：辞句虽具稳定性，但有时某些辞句之变动，意趣更为新颖，而其原意并无丝毫减损。如"桃花红"，可改为"桃花醉"，"乘长风破万里浪"，可省作"乘风破浪"是。

至辞句在语文上之功用，为（一）使语文流利，（二）使语文简明，（三）表达丰富之含义，（四）增加美感之趣味。惟若对于辞句不甚熟悉而用之不常，则有相反之结果。故辞句学习在教育上颇具重要性。

第二节　小学国语辞句之分析

关于国语辞句教材问题，若细加分析，殊觉复杂。如文言辞句与白话辞句究有何区别？小学应否教文言辞句或文言文？辞句组合结构之情形如何？一般辞句长短分配情形奚似？辞句能否加以分类？如加以分类在教学上有否帮助？通用各国语教科书中辞句数量分布情形如何？何种辞句学习较易？何者较难？均急待研究之问题，吾人决定选择五部最通用之小学国语教科书，加以科学之分析，兹将书目开列如次：

书名	应用年级	编著者	出版书局	出版年月
复兴国语教科书	初小	沈百英等	商务	26 年 11 月
新编初小国语读本	初小	吕伯攸	中华	26 年 7 月
世界第一种初小国语读本	初小	朱翊新等	世界	26 年 12 月
开明国语读本	初小	叶绍钧	开明	25 年 7 月
儿童国语读本	初小	陈鹤琴	儿童	25 年 3 月
复兴国语教科书	高小	张寄岫等	商务	25 年 7 月
新编高小国语读本	高小	吕伯攸等	中华	26 年 7 月
世界第一种高小国语读本	高小	朱翊新等	世界	26 年 5 月
开明国语读本	高小	叶绍钧	开明	25 年 8 月
高级国语	高小	徐胥等	儿童	21 年 6 月

初小前三级之国语因尚未注意用语之扩充，故辞句数量极少，此等极少之辞句，均已包括在四年级以上者之课本内。故吾人选择时从四年级所用者开始，合计得三十册。

分析之法，第一步将此五部教科书内之辞句全部提出，即将每部课文逐句看下去，遇有较为定型之辞句则笔录之。

第二步就已录下之辞句，分别加以整理。关于文白问题方面者，吾人曾请专家三人，逐句检查标出三个类别，即（一）文言类，（二）白话类，（三）文白两可类。然后根据此三专家意见，加以统计整理。著者对此写有专书，本章不多赘及。关于辞句长度及结构问题方面者，吾人首备两表，一表专录两字之辞句，他表则录三字以上之辞句。整理时，第一统计各种长度之辞句，用以观其分配情形。第二将三个字以上之长辞句，加以解剖，观其最小单位几个字句最多，即可知其组合结构情形。

关于辞句分类与学习问题方面者，研究时较感困难，因辞句之分类，尚缺乏公认标准。吾人只能采用观察法，研究辞句能否分类？分类界限是否显明？若加以分类在数学上是否有帮助？至各部教科书辞句分量之分布问题，较为简单，各人除将各部教科书之辞句加以比较外，又分别就各年级及册数统计其数量，以明其在各年级之分布情形。辞句难易问题，吾人编成一套测验，用以测验儿童对于辞句熟练程度并以区别各辞句学习之难易程度。惟此套测验，所测人数太少，绝不足以代表正确之趋势。尚待搜集教科书以外各方面之辞句，编造多种测验，再举行大规模之测验始能获得可靠之结论。

第三节　辞句之长度及组合

研究之动机：辞句是由若干单词堆砌而成，其长度依表达意义之需要而定。但吾人稍稍研究阅读心理，即觉察文句不宜过长，亦不宜过短。过长则不能适应自动之距离，且于意义之领会亦较难。过短则使视觉易于零乱，不便统摄其意义。故吾人认为一般标准之读物，其所用文句之长度，必有适当之范围，尤以意义较为完整之辞句，其长度或更有规律。至辞句既为若干单词之组合，则此等单词之分析研究亦颇有必要。因此吾人乃着手辞句长度及组合之研究。

分析后之发见：吾人分析国语课本时，逐句看去，遇有较为定型而常用之辞句即整个录下，初未注意其长度如何，但分析竣事，显见其中以二字句及四字句为特多。尤以四字句，不仅数量特多，其含义亦甚完整（均能适当的表示一完整之概念）。其他三字句及五字以上之辞句过少，几可置之不顾。

吾人又发见五字以上之辞句，大多可删为四字句。盖以其中多将完整之四字句包孕其中，另添入若干单词补足其意义而已。例如：

"同来狂歌欢舞""不容我片刻停留""军中无不勇气百倍""人烟稠密之处""庭院中晓寒未退""不料元兵突然而来"等等，其所包孕之字为：

"狂歌欢舞""片刻停留""勇气百倍""人烟稠密""晓寒未退""突然而来"

又如：

"乘长风破万里浪""读书破万卷，下笔如有神""有志者事竟成"

等辞亦可删为：

"乘风破浪""读书万卷，下笔有神""有志竟成"

四字句普遍之原因：在我国语文中四字句特多，考其原因，不外下述数端：

（一）四字一句，简短整齐，说时较为顺口，听时亦较方便。

（二）四字句中，有名词、动词等，意义较为完全。

（三）单词多半由二字合成，辞句则多为二词之联合。

（四）四字句合成一单位，阅读时便于眼动习惯作简短之停歇。

（五）受古时诗经歌谣及骈文之影响。

上述（一）（二）（四）三点为根本原因，（三）（五）两项中之事实之所以造成，亦基因于是。但此种事实造成之后，则继续影响后来辞句之创造也。

第四节　辞句之分类与学习

辞句之分类　辞句原为一种常用而无定型之语句，有属于完整之句子者，如"夕阳西下"，"白雪纷飞"等，有仅为加上助词与形容词等之单词者，如"高楼大厦""狂风暴雨"等，亦有意义完全之宾词者，如"盘旋而下"，"设宴请客"等，情形极为复杂，如欲依据明确标准，加以整齐之分类，殊非易事。

我国语法至今尚未整理出一公认之法则。吾人试依英语语法划分词类，结果颇觉不便。因为辞句用在完整之长句内，常可依不同之句子而异其类别。如"狂歌欢舞"，用于"我们同来狂歌欢舞"中，可视为动词。但用于"狂歌欢舞乃不正的行为"，则又属于主词可视为名词。

兹姑就下列标准将四言辞句分为七类：

第一，由长度相等、构造相似之两词排比组成者，称为平衡句。如"不慌不忙""翻山越岭""精忠报国""一年四季"等是。

第二，由长度相等、构造不同之两词组成之句，其重心在前者称为前重句，其重心在后者称后重句。例如"国难严重""泪眼汪汪""精神不死""心乱如麻"等句之主要意思皆在前二字，是为前重句。又如"津津有味""恢复原状""一片焦土""尚武精神"等句之重心在后二字，是为后重句。

第三，由一单字与一词而组成之句，其单字在前者称蛇头句，其单字在后者，称流星句。例如："处以极刑"，"还我河山"，"尽其所有"，"死而后已"等句之前一字皆有其独立之地位，读时须重读而略停，如蛇头然，是谓蛇头句。又如"七尺之躯"，"不白之冤"，"不言而喻"，"半途而废"等句之后一字如铅球系于线段，全句重量偏集于此，拟之流星，甚为逼肖，是谓流星句。

第四，由二单字与一词而组成之句，其二单字排垒在前者称双头句，排垒在后者称双尾句。例如"疑信参半""恩威并用""贫病交迫""雷电交作"等句之前二字皆代表不同之两事或两物，各自独立存在如两头然，是为两头句（即双头句）；又如"不相上下""颠倒是非""长途跋涉""不辨东西"等句之后二字皆代表不同之两事或两物，互不相关如两尾然，是谓两尾句（即双尾句）。

根据上列标准分四言辞句为平衡句、前重句、后重句、蛇头句、流星句、双头句、双尾句等七大类型，已足概括无遗。日常应用者以何类句为最多，尚须加以研究。就吾人所编之小学国语四言辞句测验一二三各类中之辞句六百个加以分析统计之结果观之，以平衡句为最多，竟占总数百分之三十二强；后重句次之，亦占总数百分之二十四强；其次为前重句占百分之十八；蛇头句占百分之十二；流星句占百分之六；双头句占百分之五；而双尾句仅占百分之二，是为最少者。

兹为明了起见，更将分析统计结果，列表如下：

表 7.1　小学国语四言辞句测验中各辞句之测验统计

		平衡句	前重句	后重句	蛇头句	流星句	双头句	双尾句	总数
四言辞句测验第一类	子	48	12	22	13	3	1	1	100
	丑	29	19	29	7	5	6	5	100
四言辞句测验第二类	子	32	24	23	10	7	2	2	100
	丑	28	20	20	12	4	16	0	100
四言辞句测验第三类	子	28	13	31	16	9	2	1	100
	丑	29	21	21	18	7	2	2	100
总数		194	109	146	76	35	29	11	600
百分数		0.32	0.18	0.24	0.12	0.06	0.05	0.02	0.99

按小学国语四言辞句测验系根据吾人分析五部小学国语教科书之结果而编成者，故由其中各类型句之分布情形，亦足以窥见日常应用上之需要状况。吾人编辑教科书及实施教学时，即宜以此为参考也。

语法与辞句学习　语法是否应加以训练，已成为一争辩之问题，欲求解决，当赖实验研究。在未经实验决定之前，吾人依据过去经验，认为语法宜加以练习与应用。惟在小学内不宜讲授较为繁复之语法，因儿童经验简单，对枯燥之语法必不感兴趣；且言之过详，反令其观念混杂不清，发生学习上的困难，甚至影响整个的国语学习之兴趣。

　　至辞句方面吾人主张更不宜拘泥语法格式，因大半辞句均由习惯而定型，在语法上尚无一定规律可寻。有时固可依照语法自行创造辞句，但如有相仿佛之成语或通用之辞句，则可抄用，不必独创。如"深不可探"、"深谋长思"、"大地转春"等，自不若抄用"深不可测"、"深谋远虑"、"大地回春"之流利顺口而妥当。

第五节　小学国语教科书中辞句数量之分布

　　今日一般人受白话文运动之影响，均反对小学教学文言文，即白话文也主张以浅近通俗为宜，应竭力避免深奥之辞句。结果一般小学生国语程度因之低落，乃有人起而反对，认为欲提高儿童国语程度，即使学习白话文，亦非从文言文入手不可。此两种主张依然并存。

　　就实际情形言，今日一般小学生全教白话文，初中以上则文白兼教，其法虽无不妥，但发生衔接上的困难。因小学生一至初中即学文言，程度相距过远，常有无法适应之现象。

　　吾人认为小学只教白话文之主张，尚有考虑之必要，已于第二章详言之矣，不复赘及。唯所谓白话文言之区别，就辞句上言，极不显明。吾人且避去文白问题之争，姑以课文中辞句之多少而定程度之高低，亦未始不可。兹将分析各国语教科书之结果列表如下：

表 7.2　各部国语教科书辞句分布情形

		年级						
		四上	四下	五上	五下	六上	六下	总计
商务	辞句	86	142	250	77	165	208	928
	单词	101	270	111	23	16	30	581
中华	辞句	277	288	221	196	270	226	1478
	单词	389	210	138	97	81	68	983
世界	辞句	132	167	213	131	173	232	1048
	单词	130	96	106	37	59	49	477
开明	辞句	134	195	72	65	86	90	642
	单词	140	139	24	18	39	38	397
儿童	辞句	209	391	127	128	80	161	1092
	单词	79	72	35	14	40	33	273

　　由上表可察见各大书局所出版之国语教科书，其辞句之分布在各年级上并无一定之规律，大概编辑者对于常用辞句之多少问题未曾顾及，此为一般国语教科书之通病，宜加注意。

　　表中数字表示，中华版之国语教科书辞句最多，世界儿童次之，商务与开明者最少。吾人可断言，倘教师教法及其他情况均同，则采用中华版者，可获较优之成绩，世界儿童版者次之，商务开明版者程度为最低。此虽似过于武断，但辞句为表达情意之重要工具，当与写作并阅读之程度有深切之关系，殆无可否认。

第六节　辞句学习之重要原则

一般学校于国语教学方面率皆注重单字及全文意义之解释，而于辞句之教学常少顾及，小学生作文能力之低下，多由于可用之辞过少，致多辞不达意者，间有引用辞句之处，则亦多欠妥当。此种现象，急宜补救改正。兹撮述辞句教学之重要原则，以备有心人士之参考。

（一）解释辞句应力求详确　每一辞句代表一完整之意义，解释时须加全盘之说明，仅就单字而认识了解之，自属不足。如"愚公移山"，须说明愚公之故事，姑能令儿童了解句中之含义。又如"缘木求鱼"，亦须详言其来源及引用时之情境方可。许多教师常注重课文之相当背诵，在某些条件下此固有益，然若对其中辞句无精确之了解，纵能背诵如流，亦难能应用。

（二）辞句须适合儿童经验　前已言之，辞句系代表某种观念与事实之符号，如对此种概念与事实毫无经验，则无法了解其符号代表。倘一见此种符号代表，即能联想其整个情境或旧印象，当即可无格格之苦矣。如"扬长而去"，"庶几无愧"，"积弱不振"，"毫不介意"等辞句，低年级学生难于了解，可暂缓教。而如"五颜六色"，"游山玩水"，"一马当先"，"青天白日"等辞句较为浅近，可于低年级中教之，以其与儿童经验相近之故也。

（三）辞句数量应随年级而渐增　儿童入学时宜设法引起其对于文字之兴趣，以为后来学习之准备。初不在学习高深之辞句。逮中年级以后，则可将辞句之数量逐渐增加，但切忌于课文中堆积过多，致增加学习时之困难。

（四）宜多举例子，由儿童自行归纳而得其正确意义与用法。

（五）不宜过分奖励儿童多用辞句　辞句之引用，应以一般人所熟悉者为准，滥行引用，无论在文章中或口头上皆易遭人以笑柄。

第七节　辞句测验

辞句测验之功用　吾人为适应辞句教学上之需要起见，特编"小学国语四言辞句测验"。此测验之功用，约如下端：

（一）考察儿童国语能力。

（二）考察何种辞句，易于学习，何者则否，比较其难易程度，作为改编国语教材之参考。

（三）鼓励儿童扩充常用辞句之兴趣。

（四）测验采用汇选法，儿童于选择答案时，对于相似之形声义诸方面极易错误，常施此种测验，可促进儿童养成精读课文之习惯。

测验材料之来源　吾人前已言之，曾就五部国语教科书分析其中辞句并加以统计。关于四言辞句，则按其多寡数目为比例，在同一学期之各课本内共选出二百个句子，系采随机取样法，先选取低年级者，再选取高年级者。低年级内已有者，则高年级内不再选取。

总计每年级共选四百个辞句，三个年级合为一千二百句。每一百个辞句编一测验，每一学期可有二类测验，以备交换应用。

测验问题之编制　问题格式为一问题中包含四个辞句，其中一个系照原句抄上，其他三句则均择定句中之一字换以一个不相宜之字。

例如：（1）中央民国　（2）中心民国　（3）中华民国　（4）中国民国

此四句中以第三句为正确，其他三句皆为错者，作答时令儿童选出之。此即谓之汇选式之四答择一法。此法之优点为：

1. 儿童便于作答。

2. 可减少儿童猜对之机会。

3. 计分较为客观。

4. 批阅迅速便利。

关于制题依据之原则，录之如下：

（一）在每一题之辞句中改动之一字，宜前后大约平均，即各句不宜均改动辞句之第一字或第二字，一二三四宜大约相等。

（二）改易之字宜与原来之字，在形声义上均有相似之点。

（三）错误之辞句不宜过于明显，以免猜对。

（四）改易后之辞句，不应仍自称为一句甚好之辞句。如"一息尚存"改为"一息仅存"，二者均可，致无由选定。

（五）题中所含单字，应为受试者已读过之字。

（六）各句中正确之辞句，其排列次序不应有一定规律。如第一题中之第二句为正确者，则其他各题中之正确句即不应均排列第二，余照此类推。

时间之预测　吾人于二十八年十二月八日及二十二日在中大教职员子弟学校高级举行四年级之（甲）（乙）两类测验之预试。结果发现本测验可在 $15'-30'$ 之间均解答完毕。惟此次受试多系教授子女，智商及教商恐均较一般小学生为高，为顾及受试者均有尝试全部题目之机会起见，吾人决定将测验时间再略延长为三十五分钟，此时间与小学上一节课时间相仿，施用时尤属便利。

信度与效度之推求　吾人曾于（甲）（乙）二测验之分类外，再就受试者常时在校之国文成绩，及另作"我的学校生活"一文之成绩（三人评定之平均数）求出各项相关系数如次：

测验（甲）与测验（乙）之相关为	0.84
测验（甲）与在校国文成绩之相关为	0.74
测验（甲）与作文评定成绩之相关为	0.41
测验（甲）与两项成绩之多数相关为	0.67
测验（乙）与在校国文成绩之相关为	0.74
测验（乙）与作文评定成绩之相关为	0.47
测验（乙）与两项成绩之多数相关为	0.74
在校国文成绩与作文成绩之相关	0.67

测验（甲）与测验（乙）之相关即为本测验之信度为 0.84，可称相当高。在效度方面，测验（甲）（乙）与平时国文成绩相关为 0.74，亦令人相当满意。测验（甲）（乙）与一篇作文成绩之相关，一为 0.41，一为 0.47，但并未出乎意料之外，因在校国文成绩与作文评定成绩亦不过为 0.67。两个多数相关，一为

0.67，一为 0.74，系根据各项相关推算而得，当亦不能算低。故由初试成绩、求得之信度与效度观之，本测验尚可应用。

第八章 基本句式之分析

第一节 句式分析之重要

文字之所以能表达情意，由于其可以构成各种具有完整意义之文句。此等文句连贯而成为整段整篇，即足以显示吾人复杂之思想与丰富之感情。故文句之学习在整个教学活动中，实占有极重要之地位。学生必须具备造句成文之能力，始能以文字作为自由发表意见之工具。吾人宜如何培养学生此种能力？实应作一科学之研究。

中国传统的教学秘诀，为鼓励学生多读，多记，多作，诚为古人经验，至可宝贵。语言文字之学习，原无法投机取巧，直须苦用功夫，养成新习惯，方有进步可言。换言之，语言文字之学习，非知识上之问题，而为习惯上之问题。所谓"熟能生巧"一语，颇可应用于此。

然吾人认为仅如此鼓励学生，尚未能尽教育之能事，文章汗牛充栋，文句则多至不可计数，若加分析，即可发现其基本句式，必不甚多，且可分别统计以视其各种基本句式在数量上之多少情形。在日常生活中应用次数较多之句式，当易于学习，罕为人用之句式，则学习较难，宜特别予以注意或指导。又各年级儿童在心理发展上程序各异，吾人务须分析研究，明了何年级之儿童，仅能构造何种句式或已能构造何种句式，即知包含何种句式之材料，可以应用于何年级，何者不可，须待若干时间以后方可。凡此种种，皆教师所应明确认识者。倘根据此种认识而指导学生多读、多记、多作，则可免时间精力上若干浪费矣。吾人所谓应作一科学研究者，意即在此。

第二节　材料之来源

吾人所分析之文句计为：

五字句	九十句
六字句	一百三十句
七字句	一百句
八字句	七十句
九字句	七十句
十字句	四十句
共　计	五百句

此等句子系由国语语顺测验中取出者，而语顺测验材料则由通用之国语教科书中选取而来。按语顺测验选材时所依据之原则约有下述数条。

（一）有人名地名之语句不用，例如"学平放假回家了""他走到景阳冈下"等是。

（二）有一字重复两次而成的名词之语句不用，例如"妈妈""姐姐"等是。

（三）一字应用二次之语句不用，例如"我到花园里去看花""孩子已经长得很长"等是。

（四）语气未断者不用。

（五）内容不合儿童经验之语句不用。

（六）含有儿童难理解之成语不用，例如"毁家纾难"等是。

（七）语气不合儿童之语句不用，例如"工业世界我称霸"等是。

（八）语顺不确定之语句不用，此则有下列数种情形：

a. 词之本身不确定。

i. 变更后与原意仍相同或相类者。例如"讲演"改为"演讲"，"应该"改成"该应"等是。

ii. 变更后与原意不同者　例如"国民"改为"民国"，"女儿"改为"儿女"，"工作"改为"做工"等是。

b. 主词与客词可以互易　例如"我请他吃饭"可改为"他请我吃饭"。

c. 两动词可以互易　例如"大家跳舞和唱歌"可改为"大家唱歌和跳舞"。

d. 副词地位不确定　例如"笑哈哈"之为"哈哈笑"，"云把太阳完全遮住了"之成为"云完全把太阳遮住了"。

e. 辅词可改成副词　例如"猫正想捉缸里的金鱼"可以改为"正想捉缸里金鱼的猫"。

f. 形容词可以任意放置 例如"小燕子捉了许多虫"可改为"许多燕子捉了小虫"。

由上述原则观之，凡不正常之语句，均在摒弃之列，根据此原则选出之材料，以之编成语顺测验固极妥当，就此选出若干语句做基本句式之分析，方便尤多。盖基本句式云者，正患各种变态句式之混杂其间，致增加分析上之困难也。吾人所分析之五百句，因经过一次过滤手续，不需要之语句，均获除去，已无此种困难。

兹将以上所述国语教科书书名开列如下：

书名	应用年级	编著	出版书局
复兴国语教科书	初小	沈百英等	商务
复兴国语教科书	高小	丁毅音等	商务
新生活教科书	初小	蒋息岑等	大东
新生活教科书	高小	蒋息岑等	大东
初小国语读本	初小	朱文叔等	中华
高小国语读本	高小	朱文叔等	中华
开明国语读本	初小	叶绍钧等	开明
开明国语读本	高小	叶绍钧等	开明
国语读本	初小	吴研因	世界
高小国语读本	高小	朱翊新	世界

第三节　分析工作之进行

分析材料为语顺测验中之五百个语句，已于前节详言之矣。吾人复根据著者所订之《小学初级国语教本词汇分析》之选词原则，将每一语句分析成若干词，以观其内部之构造如何。按词汇分析之选词原则，载《阅读心理汉字问题》第四章，此不赘及。

根据此等原则将各语句分成词后，就其构造性质相同者归为一类，然此种归类工作颇多费踌躇之处。

通常一句话或一个句子，不外下述几种含义：（一）说明两种事物之关系，（二）描写一种动作，（三）描写一种情境或事物。依据此种观点，似可将各种语句列为三型。但语句之构造并非如此规律；有若干语句兼具两种性质，既可列入 A 型，又可列入 B 型。此外则有若干语句不适于列入任何一种型式。进一步言之，分析时之主观态度，亦有其重要影响。例如：

"他们年纪很小"

可以将"年纪很小"视为一个词节（形容词节），以之限制或描写主词"他们"两字。但另一人亦许认为"他们（的）年纪"应合并视为主词，而以"很小"二字为其限制或形容词者。此种差异乃常见之事实。

所谓"词节"即英文中"Phrase"之意。在《词汇》分析中以词（单词或复词）为单位，但在研究语句之构造时则以词节为单位较便。例如：

"急得没有办法"　　**"搭客都从梦中惊醒"**

二句中，"没有办法"可分为"没有""办法"两词，而在整个句中，此四字联合成一副词节（adverbial phrase）去限制动词"急得"者。次一句"都从梦中"四字可分为三个词"都"，"从"，"梦中"。而在整个句中，"惊醒"是动词，而"都从梦中"四字即成为一个副词节矣。但构成副词节者，并不一定全是副词，例如：

"羊在树林里叫" "微风吹过树梢"

二句中"树林里"与"树梢"均系用作"副词"者。同样，形容词节亦不一定为"形容词"构成者。

此次分析，原为一种尝试，经分析者仅五百句，似不足代表一般情形。幸此五百句均由小学国语教本中选出，为常见之样子，以之为初步尝试尚无不当。句之字数愈多，其构造愈复杂，吾人所研究者仅几种基本范型，此若干基本范型可有无穷变化，是则未能详论矣。

第四节 各型举例

分析各类结果，计得四种类型。兹举例说明之。

第一型：主词（或词节）动词（或词节）及受词（Object）（或词节）之联合者。

（1）简单型式

例如：先生讲故事

（2）主词或受词有形容词限制之者。

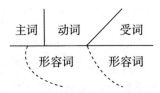

例如：老鹰捉小鸡

（3）动词另有副词（或副词节）限制之者。

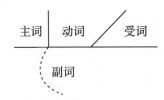

例如：人民应当买国货。

（4）主词有一个以上之动作者。

例如：小鸟出来寻食物。

（5）主词省去了者。

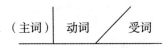

例如：学习各种功课。

（6）含有疑问词惊叹词或语尾词者。

例如：请你唱支歌吧！

（7）受词另有动作或特殊情形限制之者。

例如：公鸡催我起身。

（8）受词之位置不在句末者。

a. 受词在动词以前者。

例如：乌云把星光遮住了。

b. 受词在句之最前面者。

例如：潮水被狂风激动了。

第二型：主词动词（或词节）及副词之联合者。

（1）简单型式：动词与副词联成一词节不可分开者。

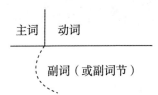

例如：外敷回来了。敌人大吃一惊。

（2）动词与副词（或副词节）可以分开者。

a. 副词在动词之前者。

例如：燕子向南飞行。孤儿独自回去。

b. 副词在动词之后者。

例如：小朋友起身早。

（3）动词有一个以上的副词限制之者。

例如：你们切不可移动。

（4）主词省去了者。

例如：以后不要夸口了。

（5）主词另有形容词限制之者。

例如：那老头儿已跌死。

（6）含有疑问词惊叹词或语尾词者。

例如：你们快回来吧！

（7）含有一个以上的动词者。

例如：他起身赶到桥上。

（8）含有助动词者。

例如：鱼在水里会游。

第三型：主词与形容词及副词之联合者。

（1）简单型式

a. 副词在形容词之前者。

例如：天气真是寒冷！

b. 副词在形容词之后者。

例如：树身高大得很。

（2）主词另附有形容词者。

例如：这画真美丽。

（3）主词省去了者。

例如：原来是邮差。

（4）含有疑问词惊叹词及语尾词者。

例如：你们很愉快吗？

（5）有一个以上之副词者。

例如：同学都很快乐。

（6）句尾名词与主词有同位置者。

例如：现在是强权世界。

第四型：复杂语句（Compound or Complex Sentence）

（1）含有一个不独立之副句（dependent clause）者。

例如：每人捐一文，便成巨款。

（2）两个独立之副句联合成句者。

例如：他呆了半晌，说不出话来。

（3）直接或间接之语句。

例如：主人说："青菜没有滋味。"

第五节　结果之统计与讨论

吾人就所选出之五百句加以分析研究，分别列入上述四种类型之中，并统计其结果，得下列一表：

表 8.1　五百句中各型分配情形之统计

	五字句	六字句	七字句	八字句	九字句	十字句	总计
[第一型]（1）简单型式	10	3	2				15
（2）主词或受词附有形容词者	4	10	6	5	6	4	35
（3）动词另有副词限制者	3	7	8	7	3	3	31
（4）主词有一个以上之动作者	1	1	4	4	5	2	17
（5）主词省去了者	2	6	1	2	1	1	13
（6）含有疑问，惊叹或语尾词者	1	1		1		1	4
（7）受词另有动作或特殊情形限制之者		3		1	2	1	7
（8）受词位置不在句末者							
a. 受词在动词以前			6	2	5		13
b. 受词在句子最前面		1	1	3	3	2	10
第一型句之总数	21	32	28	25	25	14	145
[第二型]（1）简单型式	5	1					6
（2）动词和副词可以分开者							
a. 副词在动词之前	6	16	7	7	4	1	41
b. 副词在动词之后	7	8	5	2	3		25

续表

	五字句	六字句	七字句	八字句	九字句	十字句	总计
（3）动词有一个以上的副词限制之者	2	16	10	13	5	4	50
（4）主词省去了者	7	9	3	1	3	3	26
（5）主词另有形容词限制之者	4	5	4	3	5	2	23
（6）有疑问，惊叹或语尾词者	7	5	6	1			19
（7）有一个以上之动词者			1	1	4	1	7
（8）有助动词者			3	1			4
第二型句之总数	38	60	39	29	24	11	201
［第三型］（1）简单型式							
a. 副词在形容词之前	23	13	1	1	2	3	43
b. 副词在形容词之后		2	1		1	3	7
（2）主词附有形容词	2	16	15	9	10	5	57
（3）主词省去了者	1	4	1		1		7
（4）含有疑问惊叹或语尾词者	4	1	6	1			13
（5）有一个以上的副词者	1	2	6	1	4	2	16
（6）句尾名词和主词有同位置者			3	4			7
第三型句之总数	31	38	33	16	19	13	150
［第三型］（1）简单型式					1	1	2
（2）两个独立副句联合成句者						1	1
（3）直接或间接的语句					1		1
第四型句之总数					2	2	4

由上表所列数字，吾人可窥见下述事实：

（一）五百句中以第二型句为最多，其数为 201；第三型句次之，其数为 150；第一型句为 145，第四型句最少，仅有四句。换言之，即第二型句，在小学国语教科书中最为常用，而第四型句应用机会最少。

（二）就句之长短言，各型句皆以六字句为最多，其数在第二型句为 60；在第三型句为 38。在第一型句为 32；而第四型句则属例外，其中五字句，六字句，七字句，八字句均无。七字句在第二型句为 39；在第三型为 33，在第一型句为 28，皆居次多数。除第四型句，各型字皆以十字句为最少；计在第二型句为 11，在第三型句为 13，在第一型句为 14。又第四型句之九字句，十字句各二。

（三）再就各型句中之分配情形观之，第一型句中以"简单型式"之五字句及"主词或动词附有形容词"之六字句为最多，其数均为 10。第二型句中以"动词有一个以上的副词"之六字句及"副词在动词之前"之六字句为最多，其数均为 16。第三型句中以"副词在形容词之前"之五字句为最多，其数为 23。

（四）吾人取用之五百个语句，系国语教科书中（见四十一节）尽可能合用之语句，其各种长度之语句为数不等，原为一般之分配情形，并非有意之截取。故上述二种事实，足以代表一般之现象。

（五）各年级儿童所能构造何种类型语句之分析研究，尚待将来继续进行。但吾人已作语顺测验一种，其结果载于《教育心理研究创刊号》。由其结果，可以察见各年级儿童在构造各种长度之语句的能力之差异。读者可以参阅。

主要参考书

艾伟等：《国语语顺测试试编》，《教育心理研究》创刊号，中国教育心理研究所。

第九章　作文错误之分析

第一节　引言

　　自有教育测验方法以来，多以为作文写字绘画等能力不若其他学科成绩之易于测量。考其理由，乃谓前者之成绩为质的表现，后者之成绩为量的表现。量者可以依据客观标准以测定之，吾人所习见之各种学科测量是也。质者仅能诉诸笼统直觉之主观较量耳。心理学家曾根据心理物理学（Psychophysics）原理，集多数主观判断，而以此种判断之差度定成绩之差度，由是选出差度相等之成绩样例，制成所谓量表（Scale）。然后将所拟测量之成绩与此量表上之样例一一对较而定其优劣。此姑不论集多数主观判断之差度能否决定成绩之客观差度，即使由此而制成之量表，其本身之差度具有客观性，然用此量表以较量某一成绩之优劣时，其为笼统直觉而非正误厘然无可增损者固自若也。

　　著者数十年来拟对作文能力之进步情形作客观之度量。然深知此种能力包含之因素甚为复杂，分析加权均非易事。因之先从简单处着手，仅考察每篇字数及错字与字数之比率随年级而增减之情形。发现前者随年级之升进而增多，后者随年级而减少。此种简单而客观之事实，似已多少堪为作文能力优劣之指标。如能由此种方向着眼，以探寻客观性之作文测量法，或可望作文能力之测量不必再诉诸笼统直觉之品质量表，使向认为质者转化而为量者，以符科学之准则。纵不逮此，亦可望发现一较客观之方法，以与一向之品质量表相辅而行焉。

吾人继此而进行作文错误之分析。盖以为文章中所包含之各种结构上之错误，颇便于客观计算，且宜可为作文能力优劣之指标也。并认为此种假定，至少适用于初中以下程度之学生。其理由约如下述。

第一，历来评定文章之优劣取决于内容与形式两方面，今兹倡议仅依形式结构而决定之，宁非大谬？殊不知此种见解实为因袭旧时之传统，正有重新考虑之必要。在科学昌明以前，各种知识未能分化，学者与文人遂合而为一。其实所谓"文以载道"者，显见"道"与"文"为二事。道者文章之内容也，文者文章之形式也。今日文化进步，学术分途，文章内容所包含之知识，自有其独立之性质与价值，乌可与文章之形式结构混为一事？若测量文章之优劣程度而并入其所包含之内容知识，无异欲权两瓶之轻重而各注以不同量之水，欲评定两厨师之巧拙而使其烹调不同之食物，其悖于理也至明。或谓文章之形式与内容为不可分割者，似亦言之成理。然不可分割者，未必即不可加以分别之测量也。如一物之高度与宽度固为不可分割者，然仍可分别测量之耳。

第二，亦有所谓普通作文中所表现者为个人对于宇宙、社会、人生普通问题所抱之一种观点或见解，不必为某项专门之知识。故若考察作文而不顾及其内容，则此种一般之见解或观点无由测知，实则此种一般之见解或观点，乃为通常所谓之常识及态度。此宜另行测量，当更精确恰当，何必使之两相纠缠！总之，作文之能力为表述思想内容之能力，而非思想内容之本身，故测量作文能力，应以其表述之形式结构为对象，而不应以其内容为对象。

第三，一般多谓作文不仅表现运用文字之能力，亦且表现运用思想之能力。故若仅以形式结构决定文章之优劣，则后者将无由测量。于此所当置论者，即各种知识均为思想之产物，故思想恒表现于知识中，如是各种知识之测量均包思想之测量。反之，其不表现于任何具体特殊情形下之普遍独立之思想能力，在科学界似属不可思议。若必谓有之，则或即为逻辑中所处理者，是亦当另行测量，而不必混入于作文中也。如谓凡属文章均不能言之而无物，多少必有所云，故由其陈述推论之是否自相一致，承前接后之是否条理清晰，次序分明，即可察出作者运用思想之能力，果如是，则正为形式结构方面之事，自可由形式结构上察出。

第四，或谓知识与技术并非一事，故文法知识丰者，其行文技术不必高明。文章之形式结构为文法方面之事，而文章之流畅通晓为行文技术方面之事。若测量作文能力而以形式结构为准，是所测量者为文法知识，而非行文技术也。殊不知今兹所倡之方法，乃就已完成文章中分析其形式结构，而非用造句、填充、改错等方法测量其文法知识，即今兹所考察者为表现行文中之文法，而非抽象之文法，乃运用文法之技术，而非文法之知识。此种论断，后文将提供事实证明。

第五，或谓形式结构仅可在文法上求得正误标准，然文章形式之优劣，不仅取决于文法之正误，此在程度上较高之作品，甚为显然。因文章为一种艺术品，有美丑之判存乎其间。在某种程度以上之文章，文法方面之错误虽不存在，然在美丑方面之差别则可有甚远之悬殊。顾迄今兹，品评文章美丑之客观标准尚未求出，至测量文章美丑程度之客观单位更不必论。如是，则欲由形式结构决定作文能力之高低，宁属可能？关于此点，吾人可分为两方面述之：第一就理论上言，品评文章美丑之客观标准，测量文章美丑之客观单位，未始永无求出之可能。如欧西语文，除文法外另有所谓修辞学，其关于藻饰润泽之事，亦已能有相当之条理化，然则，对于语文科学发展之限度，孰能予以预断？第二就事实而论，初中以下学生之作文，鲜有能完全消除文法上之错误者，此固为本研究着手以前之臆度，而与着手以后所遇之事实亦复相符。以故吾人暂先以文章形式结构方面所表现之错误为标准及单位，而测量初中以下学生之作文能力，当不为无稽之设想也。

出发点既经决定，即依下列步骤进行此项研究工作，第一步先分析各年级学生之作文取样中所有之错误，然后按其发现次数之多寡以定各类错误之轻重，而予以加权。第二步则核算各年级学生作文之平均字数，及字数与错误单位之比率，以瞻二者随年级之升高而增减之情形。第三步考察各个学生作文错误之多寡有无恒定性，换言之，即犯错多者是否各篇均多，犯错少者是否各篇均少，由是以定此种测量方法之信度。第四步考察错误多寡与其他标准判定之优劣是否符合，以其符合程度之高，定此种测量方法之效度，并略用因素分析法，附带考察各种评量作文方法之性质。以后当分别予以详述。

第二节 国内外有关之研究述要

关于作文错误分析者 美国心理学家卡特尔（Charters）与米勒尔（Miller）者早于 1915 年即着手作文错误之分析研究。其法为搜集学生一月内之各项文字作业分析其错误之种类及各类错误之分量。又有费勒尔（Fillers）者于 1917 年进行同样之研究，其所根据者为由三年级至八年级之九百学生之作品。嗣后斯塔琪（Starch）亦曾作此种研究，其所根据者为中学生一千七百人之作品。以上三家研究之结果颇相符合。均发现在三十余种错误中，有十种即包括总错误次数之百分之九十以上。蒲莱塞（Presscy）氏自 1924 年以来对写作错误所作之分析工作甚多，如关于标点，大写，语句结构等均分别有详尽之研究。勒满（Lyman）氏于 1929 年综合各家研究之结果，发现在全部写作错误中，标点错误即占百分之三十五至五十五。在文法错误中，动词错误即占百分之三十六。哈拉普（Harapo）于 1930 年综合三十三家关于英语习作错误之分析研究，共列出错误一百零六种。

约翰生（Johnson）氏于 1917 年研究各种习作错误之持久

性。彼搜集中学一年生（相当于我国初中三年级）132 人及大学一年生 66 人之作品，而比较二者之平均错误千分比。发现前者为千分之四十二，而后者为千分之二十三，足见显有进步。但分别比较各类之错误，则见其进步之多少显有差别，如语句结构之进步为 74%，代名词之"格"进步 71%，而形容词及副词则无进步。斯塔琪氏曾就其结构而统计错误普遍性与持久性之等级相关得 0.26，微示愈普遍之错误亦愈持久。

苏恩（Sunne）氏 1923 年亦曾研究写作错误持久性之问题，发现在形式错误上，由小学三年级至八年级其减少情形为由 13.90 减至 9.90，而造句之错误则为由 3.10 减至 2.30，在三年级为最普遍之错误，大多亦以后各年级最普遍之错误。蒲莱塞于 1925 年亦发现语句结构之错误方面由七年级至十二年级殊少进步可言。在七年级平均每万字中有此种错误五十六起，至十二年级仍有五十三起。塞孟兹（Symonds）于黎依（Lee）二氏于 1929 年之研究中，发现标点与大写之错误，随年级而渐减。塞孟兹与达林格（Darringer）于 1930 年所作之研究，发现语句结构方面之错误，持久性甚大。盖勒尔（Guiler）于 1932 年测量一万二千二百七十三个小学三至六年级之学生，发现代名词及标点之错误持久性最大，动词形容词副词次之，大写错误之持久性最小。

塞通（Seaton）于 1925 年曾就小学三年级起至大学各年级之写作错误分为标点、语句结构、文法、大写四类，而比较各类错误随年级而减低之情形。兹将所得之进步曲线仿绘于下。

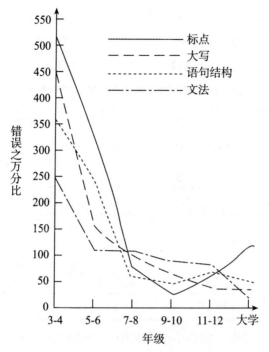

图 9.1 塞通氏英语作文错误减退曲线

由图 9.1 知此四类错误均大致为随年级而渐减者，惟减降速度之速率则各有不同耳，然大体均先速而后缓。

我国关于此方面之工作多为英文作文错误之分析。最早者当推格莱比尔（Greybill）之工作，后来吴献书、韩时俊亦有研究，1939 年国立西北师范学院研究所金树荣、尹赞钧二氏对中等学校毕业生之英文写作错误有所分析。但关于国文写作之错误，迄未闻有从事分析研究者。有之，亦仅限于错字一方面：最早有周启巽、包稚颐等之工作，嗣又有费景湖氏之研究。1940 年龚启昌氏曾研究中学生之错字，惟其旨趣乃在如何对识字教学提供参考意见，而不在作文教学上有所探讨。

著者曾于 1926 年统计初中各年级作文字数及错字与字数之比率，结果如表 9.1 所载，字数大致逐年增加，而错字比率大致逐年减少，是二者似略已表示作文能力之进步。

表 9.1 艾氏国文作文字数及错字增减趋势

		前师			初中		
		一年级	二年级	三年级	一年级	二年级	三年级
文言	总字数	189.17	205.10	231.42	202.65	240.91	205.80
	错字数	3.95	3.43	3.46	5.15	4.43	3.90
	比率	2.09	1.67	1.49	2.54	1.80	1.89
白话	总字数	227.71	253.36	275.58	211.10	291.88	273.33
	错字数	2.72	2.88	2.73	3.65	3.49	2.74
	比率	1.19	1.14	0.99	1.73	1.20	1.15

此后续就中大实验中学班初中一二年级学生加以研究，发现造句能力之进步，因所用之词句而不同。故由其进步之数量，可测定以各种词句造句之难易。又作文字数及错字比率在此次研究中，仍可表现作文能力之进步，而其进步之多少则与文题有关。

关于文法测验者 文法测验大多采改正错误，辨别正误，填充空白，加添标点等方式。其最早者或为斯塔琪氏于 1915 年所编之一种。内容分文法运用及文法知识两部分。适用于中学及大学。凯莱（Kelley）氏曾调查美国流行之文法测验，兹将其重要者列表如下（表 9.2）：

表 9.2　凯莱氏调查之英语文法测验汇要

编者	名称	适用年级	信度	出版期
Kelley, Ruch Terman	Standard Language use Test	4—6	0.67（4—9） 0.91（7—12 Principle）	
Kirby	Grammar Test	7—12	0.70（7—12 Sentence）	
Charters	Diagnostic Language and Grammar Test	7—8	0.78（9 Language） 0.78（9 Grammar）	1918 1922 Rer.
Wilson	Diagnostic Language Test	3—12	0.90（3—8）	1923
Lenard	Test of Grammatical Correctness	7—12	0.67（5—11）	1923
Tressler	English Minimus Essentials Test	8—12	0.78（12）	1925
Biggs	English Form Test	7—9	0.76（7—8）	1921
Pressy	Diagnostic Test in English		0.79（9 Composition） 0.64（9 Punctuation）	
Ruhlen	Composition Language	7—	0.90（9 Grammar）	1923
Conkling Rowers	Usage and Grammar		0.73（9 Sentence Structure）	

我国编就之文法测验共有两种，一为陈鹤琴氏所编，用于小学五六年级，其方式均为改错。一为廖世承氏所编，用于中学，其方式均为填充。此外关于英文文法测验则有祁司（Keys）氏之文法与语文测验，其信度约为 0.85。又有安德生（Anderson）氏之混合英文测验，其中亦包有文法测验。著者所编之中学英语测验，除测验一为字汇外，其余三个均文法测验。

关于作文量表者　品质量表之方法，最早系由菲奢（Fisher）氏发其端。彼为英国牧师，于 1864 年搜集许多学生之成绩，依其优劣选出各科各等第之样本，评定某一学生之成绩时即可以之与各样本相较量而定其等第。惟其样本等第之判定，仅依据主观意见，未能符合科学条件。1910 年桑代克发表其根据克泰尔（Cattell）等距原理所编制之书法量表，是为客观法品质量表之首创。1912 年希莱格斯（Hillegas）即依据桑氏之方法而编制作文量表，此则为作文量表之首创。嗣后有特拉保（Trabue）氏所编之 Nassau county supplement to Hillegas Scale，桑代克所编之 Extension of the Hillegas Scale，刘易士（Lewis）之英语作文量表等等，此处不能详述。

我国编就之作文量表共有两种，其一为周学章所编之作文测验衡，共包括样子十篇，每篇之差度为一个 PE，严菊生曾请一百位评判员依周氏量表评阅二十篇作文，其各篇分数之全距如下表所示。

表 9.3　周氏作文量表评判差异情形

全距	次数
7.0	2

全距	次数
7.5	4
8.0	5
8.5	6
9.0	2
9.5	1
总计	20

由上表事实可见虽有量表为凭，而定分之不准确仍足惊人。周氏又依其量表评阅初中一年级学生一百四十二人之作文数篇，而求其各篇彼此之相关，结果发现以周氏量表为权衡而评定学生之作文时，作文能力表现极大之差异性。彼不依白朗公式（Brown's Formula）推算，谓用其量表时须评阅五篇作文，方可将信度系数提升至 0.80。

此外俞子夷亦编有此种量表，共包括样子十八篇，共 T 分数做单位，由五分起至九十分，各篇之距离为五分，适用于小学二至初中三年级。嗣有陈立，佘以坍二氏关于作文评分因素之分析研究，结论谓求得一共同因素，其性质可谓系判断之晕轮效果或统形的见解。除此共同标准外，各评阅者尚各自有其特殊标准，其性质似即为一般所称之观察的错误。

第三节　作文错误之分析与加权

材料之搜集　本研究之范围，原拟自小学三年级起，至初中三年级止，盖因就一般情形而言，作文练习大多由小学三年级开始，而另一方面关于初中三年级以上作文能力之高低，恐已非就形式结构上之正误情形所能考察。于是即按此范围选取样例。为求事实上之方便计，遂决定以重庆沙磁区之中小学校为对象，抽借各年级学生作文之练习簿，先进行错误分析之工作。迨接洽结果，学校当局对此颇有表示难色者，尤以中学为然。推其原因，殆由中小学教师待遇菲薄而工作繁重，对于学生作文颇多不能详予校改，疏陋之处在所难免，因之不愿出示以贻笑他人。经多日奔走，仅取得四个小学之合作，即沙坪坝中大重大附属小学，沙坪坝中心学校，磁器口嘉陵小学，磁器口中心学校是也。计由四校共抽借作文样例五百二十三篇，后又由三十二年度中大实验中学班入学国文试卷中抽出初一者三十一篇，插入小学六下组中，又抽取投考初二插班生者八十篇，作为初中一下之样例。各年级取样情形可见表9.4。其中除六上外均系每人一篇，六上则因人数太少，故每人两篇。又各年级所根据之学生，大致相同。因原来抽借时仅有下学期者，按各校之惯例，均为将每学期之作文合订一处。故开首第一篇（即下学期开始所作者），当亦可代表上学期终了时之程度。其中有于学期开始时或终了时缺课太久者，即不取入。计共得不同之文题九十三种，合计六百三十四篇。

表9.4　作文取样各年级之分配

年级	三上	三下	四上	四下	五上	五下	六上	六下	七上	总计
人数	65	70	72	56	55	79	40	77	80	594
篇数	65	70	72	56	55	79	88	77	88	634

　　错误之分析　取样既定，即进行错误分析之工作，分析时完全根据学生之原作而不顾教师之批改。分析完毕，即将各种

错误归类，并求出各类错误之百分比，此其大概也。

吾人分析之结果共得不同之错误六十二种，而错误之总次数则为四千七百六十一。在各种错误中，百分比最大者为别字，占全部错误 17.9％。百分比最小者为不会用反身代名词，形容词级误，前置词位置不当，间接宾格缺乏，并列句式单行等，均各占全部错误 0.04％。又在六十二种错误中，有九种即占错误总次数 50％以上。此九种错误计为名词词义不当，代名词多余，动词词义不当，副词词义不当，副词多余，联结词缺乏，错字，别字，脱字及赘字。若将六十二种错误归并为十三大类，则百分数比最大者仍为别字，百分比最小者为前置词，占全部错误 3％。由此种事实足见各种错误之普遍性大有不同，而作文教学上之轻重取舍，当可以此为参考矣。

错误之加权 本研究所重视者乃为加权问题。各种错误之轻重不同，若不予以加权或加权不当，则无以得相等之测量单位。故加权一事在本研究中至为重要。然何种加权方法最为妥当，则殊难臆断，而必须取决于客观之实验。今兹所采用者，显然为一种极粗率之加权法。因本研究为一种初步之试探，故取其简便者耳。

加权之步骤 即先根据错误分析之结果分为十三大类，然后再根据各类错误所占全部错误之百分比之大小定其轻重。此处乃根据一种假定，即百分比大者，因其较为普遍，犯之者多，故错误之程度较轻。反之，百分比小者，因其犯之者少，故错误之程度较重。然后再将各种错误之百分比，均以一百相减，就其余数查照常态分配面积于标准差距离对照表，求出各类错误之标准差价值，是即各类错误之单位价值。兹举例以明之：如名词错误在错误总数中占 3.40％，以一百减之得 96.60％。查照常态分配面积与标准差距离对照表 1.83，是即为名词错误之价值。然为实际应用之简便计，此种带有小数之标准差价值有化整之必要，遂悬一武断之标准；凡标准价值为 1 或 1 以下者，均定为 1；1 以上至 1.5 者，均定为 1.5；1.5 以上至 2 者，均定为 2。此项加权手续幸得一证验之机会，结果尚称满意。盖本研究先时所取得之作文样例仅五百二十三篇，根据此诸篇分析而求得各类错误之百分比及标准差价值。嗣又加入大中实验中学班之试卷一百一十一篇，再求各类错误之百分比及标准差价值，此前后两次之结果颇为符合。若就武断之化整标准言，更可谓毫无出入，兹将加权之结果列表如下：

表 9.5　各类作文错误之加权

错误种类	名词	代名词	形容词	动词	副词	前置词	联结词	助词	语句结构	篇章结构	错字	别字	脱赘字
前次百分数	3.3	9.6	3.5	11.9	11.7	2.7	7.9	3.8	9.9	7.7	5.1	19.9	3.7
二次百分数	3.4	9.8	4.0	12.5	11.1	3.0	7.1	3.7	10.4	7.1	6.4	17.9	3.5
首次 σ 值	1.84	1.31	1.81	1.22	1.19	1.93	1.41	1.77	1.29	1.43	1.64	0.85	1.78
二次 σ 值	1.83	1.29	1.75	1.15	1.23	1.88	1.47	1.78	1.26	1.47	1.52	0.92	1.75
加权值	2.0	1.5	2.0	1.5	1.5	2.0	1.5	2.0	1.5	1.5	2.0	1.0	2.0

此种加权方法有一根本上之问题须加讨论。即其所根据之错误分类法为一种结构上之分类，而非功能上之分类。直言之，即其分析者为作文活动之产品，而非作文活动之历程。在产品结构方面属于一类之错误，在历程之功能方面不必属于一类。譬如同属代名词错误，"多余"一项之百分比为 5.06，而"人称"错误之百分比则仅为 0.11，同属名词之错误，"词义不当"一项之百分比为 3.07，而"数误"一项百分比仅为 0.38。故对不同项目之代名词错误付以同等之重量 1.5，对不同项目之名词错误付以同等之重量 2，显然不妥。盖某项名词错误可反较某项代名词错误为轻，而某项代名词错误亦可反较某项名词错误为重也。此点吾人虽心知其然，但功能之分类一时殊难有适当之方法，故仍不得不采用此种草率之加权方法。

第四节　作文能力进步之考察

由错误数及字数上考察　各类错误之加权既定，则可进而依据此种单位测量作文能力之优劣。惟此中尚有一问题，即错误之多少与文章之长短有关系，同等之作文能力，若其文章较长，则错误之机会当亦较多。故仅凭错误之绝对数目不能决定文章之优劣，而须以错误数与字数之比率表示之。吾人为避免小数计，遂决定以每千字中之平均错误数为作文能力之指数，易言之，即以错误与字数之千分比为作文能力之指数。此种工作似甚简单，实则殊为繁重。第一步须对全部作文样例作仔细之错误分析，以定错误之分类及加权标准。迨各类错误之加权标准决定后，须再将每篇样例之错误逐一复核，求出各篇之加权错误分数，然后又须以字数除加权错误分数而求出其千分比。此种繁重工作，殊非短期内所能完成，而惠借作文练习簿之各校，则仅允以暑假之五十日为期，不得已于完成第一步工作外，其他两步只得省略。而改用塞通（Seaton）之方法，即以各年级全体样例之总字数除其加权之错误总和，而求出其千分比，即作为各该年级之平均成绩。例如三年级上学期共抽取作文样例六十五篇，其字数之总和为三千五百，其加权之错误总和为六百零八，故求出之千分比为一百七十四。其他年级依此类推。

除错误之千分比以外，文章字数之多少亦与作文能力不无关系，因之又求出各年级作文之平均字数，兹将此二种事实一并入下表，以见由此二方面所表现之作文能力进步情形。

表 9.6　各年级字数及错误增减趋势

年级	三上	三下	四上	四下	五上	五下	六上	六下	七下
篇数	65	70	72	56	55	79	80	77	80
总字数	3500	5030	6010	5930	8100	12350	16110	16380	22470
总加权错误点数	608	649	731	606	664	818	980	990	1257
每千字平均加权错误点数	173.7	129.0	121.6	102.2	82.0	66.2	60.8	60.5	55.9
每篇平均数	52	72	84	108	148	157	207	213	283

为使此种趋势更较醒目起见，另将错误千分比随年级而减低之情形以图（9.2）示之。再将字数随年级而增加之情形以图（9.3）示之。

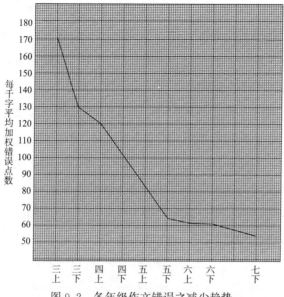

图 9.2　各年级作文错误之减少趋势

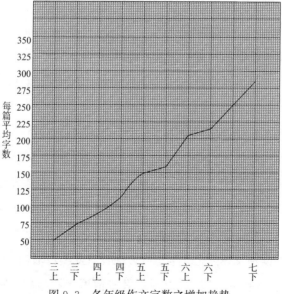

图 9.3　各年级作文字数之增加趋势

由图（9.2）观察，则见作文错误千分比随年级而降低，殊无例外。其降低之趋势，则先急而后缓。大致言之，自五年以后，由此种事实所表示之作文能力之进步，即趋迟缓，此与前述塞通之结果亦大致相似。此究由于作文能力发展之本身情形，抑系由于教学方面之情形所致，则非仅由此种表面之事实即可察出，且本研究之取样有限，恐不足以代表作文能力发展之一般情形，但若此处所获之结果不为全不可靠，则学生在校中所表现之作文能力进步情形，颇有堪为忧虑者。按我国课程制度，作文教学若以自小学三年级起至大学一年级止，共计亘十一年。今就图（9.2）观之，作文之进步曲线，自五年级以后已趋平坦，则就进步曲线之一般趋势言，多为愈后愈缓，即此而推，则中学以后作文之进步则更逐年渐缓，岂非教育上之一种危机乎？

再就图（9.3）观之，则作文字数随年级而增加之情形，似略有一种加速率之趋势，恰与错误千分比之情形相反。此何以解释之？若谓先急后徐为作文能力本质上应有之进步历程，则字数之增加似亦不宜例外，故此种不相符合之事实，考其原因殆在教学方面耳。兹试分析字数进步曲线，则可察出似有两处显示突进之趋势，即四下以后及六下以后是也，按此两处，前者为由初小至高小之关键，后者为由高小至中学之关键。此种关键之处，国语教科书之编辑者在选材方面，往往选取骤然加深加长之读物，学生受其影响亦自然将其作文之字数加长，此外，课外读物及教师之教学态度方面皆有此类情形。

至何以错误千分比所表现之进步情形无此趋势，则当因字数之加长较可勉力为之，而错误之减少恐非立意可致。加之学生能力有限，既多用力于字数之加长上，则因运用未能自如，反使发生错误之机会增多。又学生立意模拟课内课外所读之范文，程度骤深，非其能力之所及，则可增多其错误之机会。诚如吾人之论断，则作文及其有关之教学方面情形若有所改变，则作文能力之进步趋势，当与吾人今兹所见者不同矣。[①]

凡此所述，或非臆度，惟因取样有限，殊难作普遍之结论耳。

分析比较各类错误之进步趋势，除错误千分比及字数外，吾人又对作文能力之进步作进一步之考察，即分别考察各类错误之千分比随年级而减低之情形，观其（一）何类错误随年级之升进而显然减少？（二）何类错误增减不定或不显减少？（三）何类错误略呈减少之势，但不显著。第一类错误就教育观点上视之，最不严重，因其显然逐年进步，自可望渐归肃清。第二类之错误最为严重，因其既增减不定或不显减少，则非加特殊之注意，将有永留于作文中之势。第三类错误则其严重性介乎二者之间。错误之减少趋势所以有此三大类型者，其可能之原因不外两种：一由于错误本身之性质，二由于教学方面之情形。兹将各年级各类作文错误千分比载表中，再据此表制成图（9.4）以供分析。

---

① 此与一般学习情形正相同。——作者注

表 9.7 各类作文错误减少趋势之分析

错误种类	名词	代名词	形容词	动词	副词	前置词	联结词	助词	语句结构	篇章结构	错字	别字	脱赘字
三上	8.0	25.4	5.7	20.3	16.9	4.6	8.6	9.1	18.6	28.0	10.9	15.4	2.3
三下	3.6	11.7	3.2	11.9	14.5	4.8	5.2	8.0	22.5	15.9	9.5	11.5	6.8
四上	5.0	15.0	6.0	17.0	10.8	5.3	10.8	4.3	10.8	10.3	7.3	16.1	2.7
四下	3.7	15.0	4.1	9.8	14.0	3.0	6.6	3.4	9.8	6.6	9.8	13.2	3.4
五上	4.5	10.3	3.0	11.7	6.2	4.0	9.1	2.5	6.2	3.5	5.7	13.3	2.2
五下	2.3	4.5	3.9	5.8	10.6	4.1	4.5	3.7	5.6	3.8	3.2	9.8	4.4
六上	4.0	4.1	4.2	10.1	5.8	0.9	4.8	2.1	4.4	5.0	7.1	6.2	2.2
六下	2.4	4.0	3.9	5.6	5.6	2.7	4.2	4.0	6.9	3.3	5.9	6.7	5.4
七下	2.8	4.6	3.5	8.3	6.9	2.7	2.8	3.2	6.5	0.9	5.7	5.7	2.4

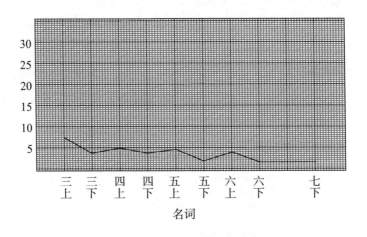

名词

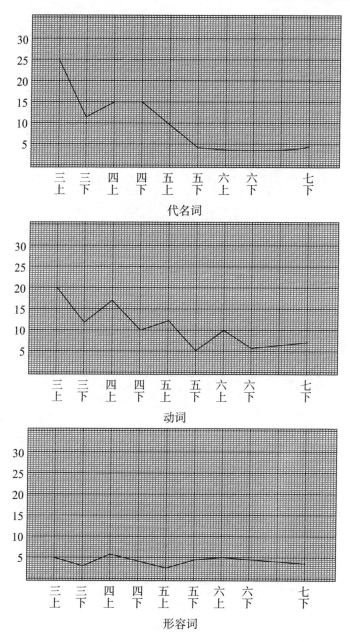

代名词

动词

形容词

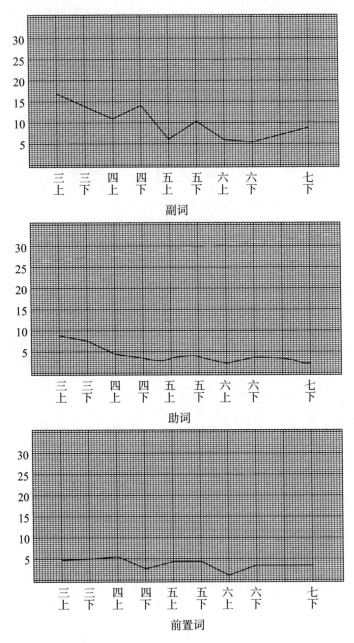

副词

助词

前置词

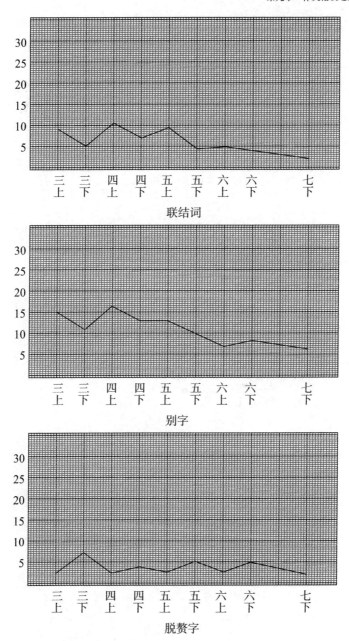

联结词

别字

脱赘字

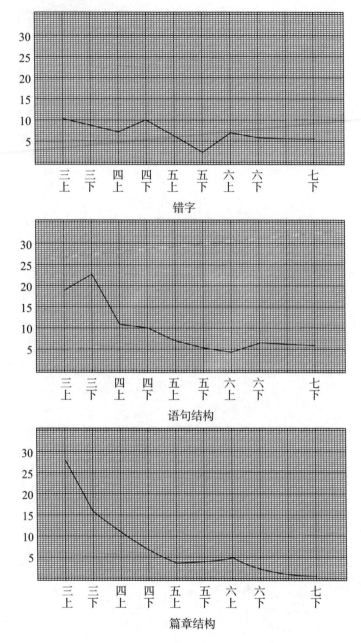

图 9.4 各类作文错误减少趋势之曲线

由图（9.4）所示之十三条进步曲线比较，则见"篇章结构"、"语句结构"、"代名词"三类错误之进步最为显著，而可列入上述之第一类型。而"名词"、"形容词"、"前置词"、"脱赘字"四类错误，增减不定，无进步之趋势，可列入上述之第二类型。其余"动词"、"副词"、"别字"、"错字"、"联结词"、"助词"六类错误，则略呈逐年降低之趋势，故可列入上述之第三类型。本研究之取样既甚有限，故此种分析工作不过为方法上之一种试探，殊难据作普遍之推论，但略予解释，亦究非纯属臆度可比。

进步趋势之最显著者厥为"篇章结构"，其理似甚明显，盖因篇章结构之错误，即为思考或逻辑方面之错误，思考能力随年龄及一般经验之发展而进步，故此类作文错误减少甚著。语句结构及代名词亦若此，句为完整思想之最小单位，故语句结构错误，则思想不能表达正确，因之思考能力进步，语句结构错误亦自随而减少。六七两年级语句结构错误似反有略增之趋势，如非因取样不妥，则当系由阅读之能力及范围增大，故学生之思想内容趋于复杂，而非造句能力所能把握所致，代名词亦然，思想幼稚之儿童，当其用代名词时，心目中不能把握其所代表之前件，遂致游移误指，或本不可省而己心以为可省，本可省而己心以为不可省，纯为其个人主观心理历程所役，而不能采客观之立场，为读者着想，迨年龄渐长，则此种情形遂随思想能力之进步而减少。

最不进步者为"脱赘字"，盖此类错误纯出于注意之分散，与作文能力之高低殊无关系；作文时固亦可由训练而养成一种集中注意之习惯，但究非教学中之主学习而为附学习。职是之故，遂不能因年级之升高而成显著之减低趋势。名词之所以少进步者，或系因学生阅读范围随年龄而扩大，日常经验亦随年龄而增多，见闻既广，所接触之名词因而日形增加；其结果也，了解未能彻底，意义往往混淆，以致误用层出，不可胜数。形容词之情形，亦与名词相类似；前置词与此种原因亦有连带关系，因前置词之功用在表明某名词或代名词与其他事物之关系，名词意义往往混淆，则前置词之误用，当亦无法避免。

其他各类之错误，则多少均呈与年俱减之趋势，惟不甚显著耳。考其性质则多系由于规则或技术之不熟练，而此种规则或技术多为武断性质者，非经多次练习养成固定之习惯，不能运用自如，绝无任何一类错误有逐年增进之趋势者。至错误普遍性与持久性之关系，则以各类错误七下对三上之减少百分比为持久性之指标，求得二者之等级相关为-0.66。即谓普遍性愈大者，持久性似有愈小之趋势。是适与前述斯塔琪氏之结果相反；其故安在，尚难推知。但如单就本研究之结果言，则其理颇明显，盖普遍性大之错误，易引起教师注意，故受指正机会多，因而减少较速；普遍性小者反是。

此种分析对作文教学不无启示，何类错误应特为留意，妥谋改进之道？为教师者若能获得此类较为可靠之依据以作教学之南针，则学生作文能力之进步，必可望更有把握。

作文能力之差异　本研究有一最大之遗憾，前已言之，即迫于时间，除六上及七下两年级外，未能将每篇文章之错误与字数之千分比求出，因而不便比较各年级之离中趋势，而考察作文能力之个别差异情形；兹于不得已之办法中，仅依据六上及七下两年级之材料，求出各种离中趋势，聊作参考。详见下表：

表 9.8 作文错误及字数差异趋势

		$Md \pm P.E.Md$	σ	Q_1	Q_3	P_{10}	P_{90}
每千字加权错点数	六上	57.7 ± 5.23	39.2	96.0	35.7	128.0	25.2
	七下	55.2 ± 4.45	47.2	85.7	35.3	110.0	21.1
每篇字数	六上	195 ± 12.00	86	130	297	72	321
	七下	292 ± 10.94	116	197	356	154	442

由上表考察，则见作文能力在同一年级之个别差异颇大，就错误千分比言，六上之 Q_3 点优于七下之中数。P_{90} 点亦优于其 Q_3 点。若再勉强与前列之表（9.6）比较，则七下之 P_{10} 点竟劣于四下之一般成绩。而六上之 P_{10} 点竟劣于四上之一般成绩而与三下相符。字数方面之差异情形亦极显著：六上之 Q_3 点较七下之中数为高，而七下之 P_{10} 点较五下之一般成绩犹低。六上之 P_{10} 点复与三下之一般成绩相等，是乃表明同一年级之学生，而其作文能力之高下，有相悬四五年者。

信度与效度 本研究之信度，系根据六上四十人接邻两篇作文及七下八十人同一篇作文前后两半之错误千分比之相关系数求出，兹将结果列表如下：

表 9.9 表示信度之各相关系数

	六上	七下
未加权分数相关系数	0.76 ± 0.05	0.79 ± 0.03

续表

	六上	七下
加权分数相关系数	0.81±0.03	0.83±0.02
白朗氏公式相关系数	0.90±0.02	0.91±0.01

由上表可察知加权分数求出之信度，均较由未加权分数求出来为高，是略见加权之办法尚有相当效果。又六上之前后两篇作文题目大多是一为论说，一为叙述，性质迥不相同，其相关系数尚达 0.80 以上，更可见作文错误之具有恒定性也。再就七下观之，同一篇作文前后两半之相关系数与六上者极为相近，此种事实亦非偶然。足见以 0.80 为本研究之信度，不为无稽。更就白朗氏公式之相关系数看，则题目不同之作文若用两篇，其信度可增至 0.90，题目相同者则用一整篇即可增至 0.91，吾人根据之取样甚小而有如此高之信度，尚能差强人意矣。

至效度之计算方法，系以下列三种分数为效标（Criteria）。即（一）同一作文经教师评定之分数；（二）同一作文依俞子夷氏小学缀法量表评定之分数；（三）同一学生之造句之分数。然后以本研究所得之未加权分数及加权分数分别与此三种效标求出相关系数，最后则求出加权分数与此三种效标之多重相关系数，是即本研究之效度也。其详见表（9.10），表（9.11），表（9.12）。

表 9.10　表示效度之各相关系数（根据七下求出）

	教师评定分数	造句分数	俞氏量表分数
加权分数	0.62±0.05	0.61±0.05	0.68±0.05

续表

	教师评定分数	造句分数	俞氏量表分数
未加权分数	0.44±0.06	0.54±0.05	0.63±0.05
教师评定分数		0.30±0.07	0.65±0.05
造句分数			0.40±0.06

表 9.11 表示效度之各相关系数（根据六上求出）

分数种类	$\gamma\pm$P. E. γ
未加权分数与教师评定之相关	0.43±0.08
加权分数与教师评定之相关	0.48±0.08

表 9.12

分数种类	分析或部分相关	多重或多数相关
1＝加权分数	$\gamma_{12.3}=0.59$ $\gamma_{13.2}=0.57$	$R_{1.23}=0.76$
2＝教师评定分数	$\gamma_{14.3}=0.60$	
3＝造句分数	$\gamma_{24.3}=0.61$ $\gamma_{14.2}=0.47$	$R_{1.234}=0.80$
4＝俞氏量表分数	$\gamma_{14.23}=0.38$	

由上列各项相关系数之情形观之，吾人知教师评定分数与俞氏量表分数有颇大之共同性。此种共同性依吾人之推测，似即为文章之顺畅流利程度及趣味感。而造句分数所代表之能力则为另外之一种，当属于文法知识及造词遣句等机械技术方面者。至按错计分法加权分数所代表之能力，则似兼括上述两方

面。试以上表中多重相关证之，按错计分法加权分数与教师评定分数之相关本为 0.62，加入造句分数后即升为 0.76，而更加入俞氏量表分数则仅再增至 0.80 耳。故吾人得谓按错误计分法较单用一般之作文量表或文法测验为佳。因文法测验及作文量表所测定之能力各别，而按错计分法所测定者，则兼括此二种个别之能力也。

第五节　结论

根据此次研究结果，吾人可得下列结论：

一、就作文错误之分析结果言，计共得错误六十二种，各种错误所发生之次数甚为不同。若将次数化为百分比，则百分比最大者为"别字"一项，占全部错误之 17.8%；百分比最小者为"不会用反身代名词"、"形容词级误"、"前置词位置不当"、"间接宾格缺乏"、"并列句式单行"等，各占全部错误 0.04%；其他错误之百分比则介乎两端之间。在六十二种错误中，有九种即包括错误总数百分之五十以上，此九种计为"名词词义不当"、"代名词多余"、"动词词义不当"、"副词词义不当"、"副词多余"、"联结词缺乏"、"错字"、"别字"、"脱字及赘字"。若将六十二种错误归为十三大类，则百分比最大者仍为"别字"，百分比最小者则为"前置词"，占总错误 30%，此种事实实可予作文教学上以切实之参考，盖由是可知何种错误宜特别留意。如能以此为依据而定教学活动之重心，则作文能力自可循最经济之途径而进步矣。

二、就十三类错误之加权言，前后两次结果至为符合，足征所采之加权法，尚不为无稽，然吾人固深知此次研究所采之分析方法为结构之分析而非功能之分析。若能发现功能分析之方法，以作加权之标准，则其结果当更为合理也。

三、由错误千分比之减少趋势观察作文能力之进步情形，则见有先急后徐之趋势。大约在五年级后趋于平缓，但若由字数增进上看，则其情形恰好相反，略呈先徐后急之势。此二种不相符合之事实，似显示此种进步历程恐非作文能力本身之性质所决定，而系由于教学方面之影响所致。大致而言，无论为教师，为教科书之编辑者，或为儿童课外读物之编辑者，其对儿童之态度往往受学制阶梯之影响，以为初小与高小，小学与中学，在程度上有显著之差别，故其所选之教材及所望于儿童之成绩，均以此种阶梯为截然之划界。殊不知儿童一切能力之发展均为连续渐进者，故其作文字数虽可勉力加长，但错误之减少则非朝夕可致；且因字数加长后，运用未能自如，反可增加错误之机会；因之若能在作文教学方面有所改进，则作文能力之进步趋势当可改观也。

四、就十三类错误减少趋势之比较而言，则约略可分为三种类型：第一类型之错误随年级之升进而显然减少，考其性质，则大多属于思考或逻辑方面者，故能随年级及一般经验之长进而减少。第二类型之错误增减不定或显减少，趋势不甚明显，考其性质，则或系由于注意力之分散，似与能力较少密切关系，故不能与年逐减；或系由于见闻之扩张，超过其心智能力之发展所致。第三类型之错误，则略呈与年逐减之势，但不甚显著，考其性质则多系由于规则或技术之不熟练，而此规则或技术多为武断性质者，非经多次练习，养成固定之习惯，不能运用自如。就教学观点言之，第二类型之错误因其甚为持久，故最称严重，非加意矫正，则将永远保留于作文中。第一类型之错误最不严重，因其多待于儿童之自然发展故也。第三类型之错误，其严重性介乎二者之间。大部分由教学决定之。为教师者，若能详知此种情形，则其对于教学活动之轻重取舍，自有所权衡矣。

五、作文能力之差异趋势颇足惊人，七下之低劣者竟劣于四下之一般成绩。六上之低劣者竟劣于四上之一般成绩，而六上之最优者则又优于七下之优良者。是同一年级，而其优劣之差竟达四五年，此种事实究系由于作文能力本身之性质，抑系由于教学方面之情形，则未便妄予推断。

六、按错计分法之信度，其根据加权分数求出者均较根据未加权分数求出者为高，足征本研究所采之加权方法，尚有相当效果。又按错计分之信度，根据六上或七下单一年级求出者，均在 0.80 以上。若更就白朗氏公式之相关系数言，则题目不同之作文连用两篇其信度可提升至 0.90，题目相同者用一整篇即可将信度提升至 0.91，以与现有之作文量表相较，则鲜有能出其右者，即与文法测验相较，亦可与其信度高者相埒。

七、就其效度言，根据加权分数求出者亦均较根据未加权分数求出者为高，此对本研究所采之加权法又提供一有利之证据。又按错计分法加权分数分别与教师评定分数，造句分数，俞氏量表分数之相关均在 0.6 以上，其与俞氏量表分数之相关特高，达 0.68。教师评定分数与俞氏量表分数之相关为 0.65，而其分别与造句分数之相关仅为 0.3 及 0.4，是前二者分数之性质相近，后一种分数则性质殊异，按错计分法加权分数与其他三种分数之相关均相当高，足征其性质与三者相接近，即谓其兼具三者之性质亦无不可，故按错计分法之应用，较其他三种为佳，此由多重或多数相关系数上亦可证实。若以多重相关 0.80 为按错计分法之效度，则较现有之其他教育测验之效度皆无逊色。更就各项分析或部分相关观之，则见按错计分法加权分数与教师评定分数及俞氏量表分数之相关，并非由于造句能力为其共同因素，因将造句能力析出后，其相关系数并不受重大之影响，而按错计分法加权分数与俞氏量表分数之相关，将教师评定分数所代表之能力析出后，则突由 0.68 降为 0.47，若再将造句分数所代表之能力析出，则降至 0.38，此种事实证明教师评定分数与俞氏量表分数二者性质相近，造句分数性质殊异，而按错计分法加权分数则兼具此两方面之性质。

综上所述，则知按错计分法所研究者并不仅限于造句，填充，改错等文法知识，而能兼及于文章之顺畅流利程度。

主要参考书

周学章：《测量作文能力应知之事项》，《教育研究》四十四期，中山大学出版。

陈立、佘以埙：《国文评分的因素分析》，《教育研究》一〇六、一〇七期合刊，中山大学出版。

张述祖：《按错计分作文测量法之研究》（民国三十三年中央大学研究院已通过之硕士论文）。

第十章　全书总结

第一节　实验结果述要

吾人叙述至此，对于二十年来所作之种种实验虽未能解决一般的国语教学问题，然似宜对教育界同仁有所报告以引起其注意，或者心理学界同仁中亦有致力于此者，惟未至发表时期耳。倘吾人藉此报告而收抛砖引玉之效，尤所深望焉。

儿童阅读兴趣问题　儿童对于读物有感兴趣者，有不感兴趣者。感兴趣则事半而功倍，学习之成绩斐然；否则耗时费力而其结果仍然欠佳，故对于儿童读物或小学国语教材之选择不可不慎也。兹将实验中之发现简述如下：

1. 无论美国儿童对于英文，或中国儿童对于国语或国文，其读物之形式虽不相同，而其阅读之兴趣则甚相近。此种兴趣之浓淡视读物之特质而定。

2. 读物之重要特质，似可分为：惊异、生动、动物叙述、谈话式、幽默、情节、男性、女性、儿童、成人、静的叙述、知识灌输（或注入式的知识报告）、道德暗示等十三类。儿童所感兴趣者为前九类，或前九类中之任何二三类之联合；儿童所不感兴趣者为后四类，或后四类中之任何二三类之联合。至前九类与后四类中之任何二三类之联合能否引起儿童兴趣，则视其联合之结果如何耳。

3．在读物特质中不使儿童感觉兴趣者似占少数，但在课本中属于此类的读物特别的多：如游记、常识（社会、自然、卫生三方面者）、应用文、甚至发明家的传记亦在其内。在国外研究中曾发现关于道德行为的叙述，儿童亦最不感兴趣。

4．在小学各级儿童对于阅读兴趣之相关甚近，其大者有至0.95者。故各级儿童彼此之间其兴趣实相同也。

5．儿童对于韵文并不发生特殊兴趣。有之，则必因其描写极其生动，或含有他种感觉兴趣之特质在内。故文字之任何形式，如韵文或散文，儿童视同一律，盖此并非读物中之重要特质也。

6．关于寻常家庭生活中之情感经验，小学儿童对之，似觉淡然，惟中学生及大学生则并不如是。似人之年龄愈长，其对家庭生活之兴趣亦愈浓厚也。

7．读物之深浅程度，其在儿童文学上之优美程度，及读物之内容（即前所谓之特质此间由儿童决定选出者），三者之间有相当的关系。假使吾人将其二者合并，以其结果而与第三者求多数相关（Multiple Correlation），其数在盖兹研究中为0.63，在尤伯研究中为6.4，此二数可称极近。

朗读与默读之比较研究　在吾人之实验中关于朗读与默读

之比较在小学三、四、五、六年级中所获结果如下：

1. 就朗读与默读分别言，在速率方面，无论朗读默读，尚能随年级而逐渐增进，即年级愈高读的愈快。在理解方面，其情形较为参差，不若速率方面之统一。大体言之，在应用测验材料相同之班级中，尚能表现随年级而增进之趋势。

2. 就各班程度差异的情形言，在速率上，朗读较默读之程度整齐，而朗读随年级而愈整齐，默读随年级而愈参差。在理解上，朗读与默读无显著之差异，二者均能随年级而渐趋整齐。换言之，即年级愈高而程度愈齐。

3. 就男女两性阅读成绩比较言，无论朗读默读，理解速率各年级均无明显差异。大体言之，男女生各有优劣处，谓其为无甚差别可也。倘使男女两性在阅读上确有差异，是必由于环境影响所致。

4. 就速率与理解之关系言，在相关系数上，其情形颇为参差，无一致之趋势。大体言之，朗读理解与速率之关系在各年级中均较显明。默读方面，低年级相关较浅，高年级较深。此亦不过比较言之耳。实则理解与速率之关系，似有一定限度，读的太快太慢，皆不会有好理解，惟在合理的速率下，始能产生最高之理解成绩。

5. 就本研究所用测验之信度与效度言，在信度方面以各测验速率成绩之自身相关表示之，其实得相关系数最小者为 0.64，最大者为 0.91，大多数集中于 0.80 左右；应用校正公式以后，最小者仅为 0.76 一数，其他均环绕于 0.90，最大者达 0.95。在效度方面，以朗读默读与学校国语成绩三者之交互相关表示，其最后结果大都近于 0.40。

6. 就阅读活动之分析参考言，无论朗读默读，阅读时不必要之活动（如朗读时之高声唱诵，手指课文，默读时低声私语，无声唇动），大致均能随年级而逐渐减少，阅读完全正确之人数，亦能随年级而逐渐加多。

7. 就全部结论言，默读速率大于朗读，在中国儿童之阅读中，大体尚能符合事实，惟各年级间差异甚大，以三四年级而言，其差别不甚明显，自五年级以后，开始表现进步之趋势。理解方面，至六下默读方行转优。默读教学之被忽视，于此可见。至朗读情形，似亦未至完善，需要改革之处尚多。

默读练习之功效　在吾人实验中默读因练习而进步，理解与速率皆然。在此实验中所有被试属于小学四、五、六年级，其结果如下：

1. 默读能力，在理解与速率方面，均可因有意之练习而生显明可靠之进步。此与数十年来国外专家研究结果颇为一致。

2. 默读理解练习之进步，四上较五上为佳，就进步之百分数而言，四上进步约多一倍，称 12% 与 6% 之比。

3. 就男女差异言，在理解练习进步上，女生略占优势，此种趋势，以离中量数较显明。若就均数言，在五上尚略有差异，而四上则不见有可靠之差异。

4. 默读能力高者经过练习后，其进步较少，而默读能力较低者反有较多之进步。此或系由于兴趣好而努力学习之结果，而亦学习心理上之自然趋势也。

5. 智力与阅读理解力有相当高之正相关，其与理解练习的进步之相关亦然。此即表示聪明之儿童对于读之理解较多，经过有意练习后，进步亦较多。

6. 默读速率练习方面虽亦有进步，但在统计上，不甚明显，国外研究亦同此趋势，彼此所发现者或均系事实也。

7. 吾人此次实验中，显示理解与速率间有显明之正相关，二者在练习进步上亦然。

8. 吾人此次实验所用之材料全为白话文，至文言文方面情形是否亦复如此，尚待继续研究。又实验中速率练习进步之可靠性，尚不甚高，或系由于练习时间太短之故，似宜续加研究，探其需练习多少时间以后，方有可靠之进步。男女两性，在阅读能力发展上有无差异，此次实验中尚不能明白看出，亦可加人数广作实验以决定之。

根据实验结果，吾人已知默读能力可因有意之练习而进步，且低年级之进步较高年级为多，今后我国小学国语教学上，似应从早开始养成儿童默读之习惯，并注意增进其阅读之速度与读物内容之理解。

默读能力测量　吾人之默读测验大别之为四种，一种从二上测起，此中分低，中，高三组。二上，二下，三上属于低组，三下，四上，四下属于中组，而五上，五下，六上，六下则属于高组。每组测验又分为各类，如低组一二三三类，中组一二三三类，高组一二三四四类。各类在同一组中均可互用，如低组一类二类或三类均可用之于二上，二下或三上，中组一类二类或三类均可用之于三下，四上或四下是。此一种测验共计十类统称之为小学国语默读测验。其另一种为小学低级默读测验，用之于小学低组即一上一下二上是。此种测验计分两类，在一上一下二上二下各半个年级中可以互用。

此两种测验之举行规模既大，无法详述，所可得而言者如下：

1. 第一种测验于七七事变以前曾施之于江、浙两省。抗战军兴，吾人西迁重庆，则又施之于鄂、川、黔三省。就结果言，两者相差达三个学期。例如高组二类在战前江浙所测在五上（595 人）为 66.15±0.47，在五下（1050）为 72.65±0.33，在六上（531）为 78.70±0.39，在六下（850 人）为 83.70±0.29。这些数字都是各学期的均数，用作常模者。此同类的测验若用在战时西南三省鄂、川、黔，其常模则比较低。例如在五上（1540）为 45.77±0.35，在五下（1443 人）为 50.76±0.35，在六上（1230 人）为 62.14±0.35，在六下（1094 人）为 66.73±0.44。是西南三省小学六年级的国语成绩平均不过相当于战前江浙小学五上的成绩①。

2. 信度与效度　国语测验的信度在江浙比较在四川为高。在江浙最低最为 0.80，最高为 0.95，平均为 0.88，此系未用白朗公式以提高者。在四川用白朗公式提高之后，此种信度最低者为 0.66，最高为 0.90，平均为 0.78。

国语测验的效度在江浙最高为 0.62，多数在 0.55 上下，亦有低于此者，视各班人数之多寡而定。此种效度在四川最高者为 0.71，多数在 0.44 上下，亦有低至 0.22 者。此似亦视各班

---

① 战时西南三省的小学成绩不但在国语上低三学期，即在算术，常识上亦复如是。此大可注意者。——作者注

人数之多少而定。

小学低级测验之信度固然甚高，其系数在 0.9 左右，即其效度亦非常之高，大多数在 0.75 左右。似小学生开始读书，测验材料若用之适度，其与教师所给之分数相当接近也。

3. 小学国语与小学他科之相关　信度之求出所以表示小学国语各测验彼此间之相关。至小学国语于小学他科之相关，则有下列数字。

国语与算术式题最低为 0.30，最高为 0.67，平均为 0.50，其算术应用题为 0.63 及 0.74；其与常识为 0.50，0.69 及 0.81；其与自然为 0.75，0.65；其与社会为 0.58，0.84；其与智力为 0.75，此其大概也。

4. 小学国语成绩无论在低组，中组或高组男女生之间并无差异。即或偶然有之，似因环境使然，于统计学之理论上不能成立也。

默读能力之诊断默读能力骤视之，似为整个的，然经分析之后至少包括下列四种：

1. 迅速浏览撮取大意之能力。

2. 经心详读记取细节之能力。

3. 综览全章挈取纲领之能力。

4. 玩味原文推取含意之能力。

此四种能力，经测验之后，发现下列事实：

1. 参加此四种默读能力测验之被试，为小学四、五、六三个年级之学生共计：四年级 290 人，五年级 420 人，六年级 360 人。

2. 测验结果发现四种能力相互间关系并不甚近，例如 γ_{12}

为 0.72，γ_{13} 为 0.72，γ_{23} 为 0.76，γ_{14} 为 0.48，γ_{24} 为 0.65，γ_{34} 为 0.54。彼此间之所以不近正足以表示各能力有相当独立性，而似须划分也。

3. 就各生成绩分别言，有良于此而不良于彼者。例如测验常模在第一种能力为 6.834，在第二种能力为 13.314，在第三种能力为 16.800，在第四种能力为 5.076，但各生之成绩在此四种中有高于常模者，亦有低于常模者，并不一致的优或一致的劣也。

4. 各测验的信度系用其自身相关以表示之者，计在能力 1.0 为 0.82，在能力 2.0 为 0.84，在能力 3.0 为 0.83，在能力 4.0 为 0.70。至其效度在能力 1.0 为 0.74，在能力 2.0 为 0.55，在能力 3.0 为 0.63，在能力 4.0 为 0.58，此其大概也。

5. 在四种能力中以第四种之表现为最劣，似此种能力较难养成或被忽略其发展，亦许其发展以至于成熟原较晚也。

6. 同年级儿童在同一种能力上之个别差异大于年级差异。

作文尺度问题　中小学生之作文成绩最难得一客观之评判。其比较客观者似为篇幅之长短及作文上错误之范围与其分类，因就此可以得一量的结果也。吾人对此曾作一种尝试，兹简述于下：

1. 作文上之错误可分为六十二种，大别之可分为十三类：即名词，代名词，形容词，动词，副词，前置词，联结词，助词，语句结构，篇章结构，错字，别字及脱赘字是。就此十三类可再总积而成为三种类型：第一类型之错误显然随年级而减少。考其性质则大多属于思考或逻辑方面者，故能随年龄及一般经验之长进而减少。第二类型之错误增减不定或减少趋势不甚明显，考其性质则或系由于注意力之分散，似与能力较少密切关系，故不能于年逐减，或系由于见闻之扩张，超过其心智能力之发展所致。第三类型之错误则略呈与年逐减之趋势，但不甚显著。考其性质则多系由于规则或技术之不熟练，而此规则或技术多为武断性质者，非经多次练习使之养成固定习惯，不能运用自如。

就教学观点言之，第二类型最为严重，因此种错误过于持久，非加意矫正则将永保留于作文中。第一类型之错误最不严重，因其多待于儿童之自然发展故也。第三类型之错误其严重性介乎二者之间，大部分由教学决定之。为教师者若能详知此种情形，则其对于教学活动之轻重取舍有所权衡矣。

2. 作文能力之差异趋势颇足惊人。在吾人之实验中初中一年级之低劣儿童其成绩竟劣于小学四年级下学期生之一般成绩。六上之低劣者亦竟劣于四上之一般成绩，而六上之最优者又优于初中一下之优良者。是一个年级中而其优劣之差竟达四五年。此种事实究系由于作文本身能力之性质，抑系由于教学方面之情形则未便妄加推断。

3. 按错计分以评定作文优劣之信度，在小学六年级上学期或初中一下学期均在 0.80 以上，应用白朗公式加以修正之后，其信度可达 0.90 或以上。

4. 在效度方面，本方法与俞氏作文量表之相关为 0.68。若用多数或多重相关其数可达 0.80；所谓多重相关，即除俞氏作文量表外，加用造句分数及教师评定之分数，而与根据本方法求得之成绩以求相关也。

第二节　几项亟待解决之问题

吾人对于国语阅读心理之实验，二十余年来虽获有上述数种结果，然此中问题亟待解决者仍甚多，兹简述于下：

辞句问题　此问题吾人于第七章固曾有所叙述，然其所叙述之实验步骤不过为一初步之尝试，未足以谈彻底之解决。例如小学国语辞句之分析，辞句长度及其组合之研究，辞句之分类与其学习问题，小学国语教科书中辞句之分析，辞句测验等，吾人对之虽曾作一度之研究，然去问题之解决尚远。今后仍宜从事于此，且应扩而充之，藉窥全豹。

基本句式问题　1. 吾人对于基本句式在第八章亦有所讨论矣。在初步分析中曾发现四种类型由简单语句以至复杂语句。在吾人分析之小学国语之五百句中以第二型为最多，其数为201；第三型句次之，其数为150；第一型句为145；第四型句最少仅有四句。易言之，即第二型句在小学国语教科书中最为常用，而第四型句应用机会最少。

2. 就句之长短言，各型句皆以六字句为最多：其数在第二型句为60；在第三型句为38；在第一型句为32；而第四型句则属例外，其中五字句，六字句，七字句，八字句均无。七字句在第二型句为39；在第三型句为33，在第一型句为28，皆居次多数。除第四型句外，各型句皆以十字句为最少，计在第二型句为11，在第三型句为13，在第一型句为14。又第四型句之九字句，十字句各二。

3. 再就各型句中之分配情形观之，第一型句中以"简单型式"之五字句及"主词或动词附有形容词"之六字句为最多，其数均为 10。第二型句中以"动词有一个以上的副词"之六字句及"副词在动词之前"之六字句为最多，其数均为 16。第三型句中以"副词在形容词之前"之五字句为最多，其数均为 23。

吾人取用之五百个语句系国语教科书中尽可能合用之语句，其各种长度之语句为数不等，原为一般之分配情形，并非有意之截取。故上述之三种事实足以代表一般之现象。

关于各年级儿童所能构造之类型语句，吾人虽可于语顺测验中测知一二，然大规模的研究应着重在各年级儿童造句及作文上之分析。倘能于儿童语言中，依其年龄与年级观察而记载，尤能发现大量之事实也。

第三节　对于国语教学之建议

吾人讨论及此，根据其二十余年来实验中之所发现应对小学教育行政当局贡献其刍荛之见，以便将来修订课程标准时得有较为详明而具体之目标焉。

Ⅰ. 关于编辑小学国语教科书，其取材与行文宜"多写儿童故事，使其中文字合程度，情节甚曲折，感觉颇兴奋，而结果又圆满者"。编书如此，儿童阅之，其兴趣自盎然也。

Ⅱ. 在小学国语教学中朗读与默读均有改进之必要。

在朗读方面：

1. 应废止循声齐读之教法；

2. 除诗歌韵文非应用有声调之朗读不可外，其他小学朗读教学应一律采用谈话式，使其与实际生活较近。

在默读方面：

1. 从小学三年级起即应开始学习，且须正式的加以训练，使一般儿童养成良好之习惯；

2. 此后每一学月举行一次默读测验，以视其进步情形如何；

3. 又每一学期举行一次普通默读测验，其各学期之成绩应达相当之标准：如三上学生平均每秒应读一个半字，四上学生平均每秒应读两个字是；

4. 必要时应施行一种国语默读之诊断测验，以视其各种默读能力是否均已养成，遇有缺陷时亦应加以特殊训练。

Ⅲ. 造句之教学法应有下列步骤：

1. 使儿童认识词，并了解词句。

2. 教儿童先做简单句型，其长度不得超过六个字。

3. 简单语句在国语教科书中常有下列各种：

甲、主词或受词附有形容词者，如"老鹰要捉小鸡"。

乙、动词另有副词限制之者，如"人民应当买国货"。

丙、副词在动词之前，如"燕子向南飞行"。

丁、动词有一个以上之副词，如"你们切不可移动"。

戊、副词在形容词之前，如"天气真是寒冷。"

己、主词另附有形容词者，如"这画真美丽"。

以上各句型在国语教科书中所发现的次数既比较的多，在聪颖之儿童似不难学会，但在中庸或愚笨之儿童如于学习上发生困难，自应由教师细加指导，使之对于此种语句练习纯熟而不至发生错误。

上述语句中之结构，教师固应知之甚稔，但对于低年级儿童造句上之错误仅可随时加以改正，其于语法不必系统教授之，免使儿童感觉混淆。

所谓步骤云者并非严格的，因在儿童之学习心理上固无如此严格之划分也。

Ⅳ. 在儿童作文上宜注意九种重要错误，即："名词词义不当"，"代名词多余"，"动词词义不当"，"副词词义不当"，"副词多余"，"联结词缺乏"，"错字"，"别字"，"脱字及赘字"，因此种错误在一般儿童之作文上超过全部错误之一半也。

在儿童作文错误之十三类中可分为三种类型。第一种随儿童年龄及其思想发展而减少，故其错误不甚严重。第二种在各年级上相当持久，不能随年级而减少，此或因儿童注意力之分散所致，或因良好习惯未能养成以致将错误延长下去。教师对于此种儿童必须严格管训，不可忽略下去。第三类型之错误，其严重性介乎此二者之间。倘得循循善诱之教师，对于儿童予以充分之作文练习，并对于其所作文详细加以批改，则其进步可立而待也。

主要参考书

Lyman，R. L. *Summary of Investigations Relating to Grammar，Language and Composition*. Chicago University.

Pressy，S. L.，*Psychology and The New Education*. Harper，1943.